科学巨匠

居里夫人

伟大的镭元素之母

Weida De Lei Yuansu Zhi Mu

王海娜◎编著

南京出版社

图书在版编目（CIP）数据

居里夫人：伟大的镭元素之母 / 王海娜编著. --
南京：南京出版社，2012.9
　（科学巨匠）
　ISBN 978-7-80718-948-0

Ⅰ．①居… Ⅱ．①王… Ⅲ．①居里夫人，
M.（1867～1934）－传记－少儿读物 Ⅳ.
①K835.656.13-49

中国版本图书馆CIP数据核字（2012）第064934号

丛 书 名： 科学巨匠
书　　名： 居里夫人——伟大的镭元素之母
作　　者： 王海娜　编著
出版发行： 南京出版社
　　　　社址：南京市成贤街43号3号楼　　　邮编：210018
　　　　网址：http://www.njcbs.com　　　电子信箱：njcbs1988@163.com
　　　　联系电话：025-83283871、83283864（营销）　025-83283883（编务）

出 版 人： 朱同芳
总 策 划： 刘成林
责任编辑： 常仟慧　余　力
装帧设计： 陈淑芳
责任印制： 杨福彬

印　　刷： 北京中创彩色印刷有限公司
开　　本： 787毫米×1092毫米　1/16
印　　张： 10
字　　数： 78 千
版　　次： 2012 年 9 月第 1 版
印　　次： 2012 年 9 月第 1 次印刷
书　　号： ISBN 978-7-80718-948-0
定　　价： 24.80 元

营销分类： 少儿 教育

目 录

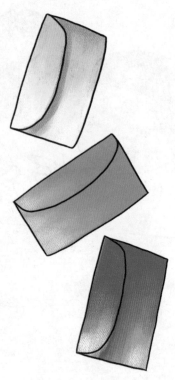

1. 天才的少女
tiān cái de shào nǚ

玛丽的出生给全家增添了快乐。她幼年所表现出的超凡的记忆力更使父母、老师大为惊讶。

1867年11月7日夜里,一个眼睛大而明亮的女孩降生在波兰的首都华沙。父母给她起名玛丽,家里人都亲切地称她玛妮雅。玛妮雅就是后来名闻四海的居里夫人。

玛丽的父母都是教师。父亲是一所中学的数学和物理老师,还兼着当地副督学的职务;母亲则是一所女子学校的校长。在玛丽出生之前,这个家庭已经有了三个女孩和一个男孩,不过,玛丽的出生还是给全家人

dài lái le bù shǎo huān lè
带来了不少欢乐。

mǎ lì zhǎng de shòu shòu de　dàn shēn tǐ què xiāng dāng jiē shi　hěn shǎo shēng
玛丽长得瘦瘦的，但身体却相当结实，很少生

bìng tā cóng xiǎo jiù yǒu zhe fēi fán de jì yì lì　ràng dà jiā gǎn dào jīng qí
病。她从小就有着非凡的记忆力，让大家感到惊奇。

zài mǎ lì　suì nà nián de xià tiān　tā men yì jiā rén dào xiāng jiān qù bì
在玛丽4岁那年的夏天，他们一家人到乡间去避

shǔ nà shí sān jiě bù luó nī yǎ yǐ jīng　suì　guò le nián jiù yào shàng xiǎo xué
暑。那时三姐布罗妮雅已经7岁，过了年就要上小学

le suǒ yǐ fù mǔ jiāo tā niàn yǒu zì mǔ de kǎ piàn　kě shì bù luó nī yǎ bù xǐ
了，所以父母教她念有字母的卡片，可是布罗妮雅不喜

2

欢一本正经地去念，她便叫玛妮雅做学生，自己充当老师，把自己该念的叫玛妮雅念，而她自己却装模作样地去矫正发音。

因为她们从小生长在学校环境之中，所以扮演起老师和学生来都能惟妙惟肖。4岁的玛妮雅居然只学过一次就全不会忘记。

有时候错了，那也是布罗妮雅教错的。

后来做学生的反倒比做老师的热心起来。

有的时候老师偷懒贪玩，

学生就会跑去催她:"布罗妮雅,时间到了,该上课了。"

快乐的暑假快要结束了,在回华沙之前,布罗妮雅接受了一次考试。

布罗妮雅吞吞吐吐地捧着书在念,在旁边看到这情景的玛妮雅突然不耐烦地抢过姐姐手中的书,顺畅地朗读起来。

起初大家都很沉默,玛妮雅便得意地念下去。

后来,她突然感到气氛有点异样,因为大家过分沉默,使她怀疑是不是闹了笑话或是闯了祸。

父亲母亲都在目瞪口呆地看着自己。

玛妮雅以为自己一定要挨骂了,于是

4

扔下书放声大哭起来。

"对不起，布罗妮雅……

我不是故意的……实在是太

容易念了……"

妈妈赶快抱起她说：

"别哭，玛妮雅，你真是太

聪明了。你什么时候念得这

么好呀？我和你爸爸都很吃惊呢。"

这事发生以后，玛妮雅变得更好学了。

可是，父母却尽量不让她多读书。身为教师的双

亲根据多年的经验知道，儿童太早熟有时反而会有不良

的后果。

有时候玛妮雅翻出一本带图

的书问他们："这是什

么东西？"父母反而

故意要分散她的注意

力："玛妮雅，今天天

气多好，到院子里去

荡秋千吧。"

日子一天天过去，

玛妮雅已到了入学的年龄，从小就爱念书的玛妮雅高兴得不得了。

她穿着水手装，手里提着书包，每天都是第一个跑进教室。

她全神贯注地听老师讲课，睁着大大的眼睛，那副一本正经的神情就像是在生气似的。

她的成绩在班上总是第一。法文、算术、历史等每一门功课都比别的学生优秀很多。

dāng tā kàn shū de shí hou　　zhōu wéi bù guǎn duō me chǎo nào　　dōu bú huì shǐ
当她看书的时候，周围不管多么吵闹，都不会使

tā fēn xīn　　yīn cǐ lǎo shī hé fù mǔ dōu gǎn dào fēi cháng chà yì
她分心。因此老师和父母都感到非常诧异。

zài nán jì de shī　　zhǐ yào tīng rén jia dú guò liǎng cì　　tā jiù néng yí zì
再难记的诗，只要听人家读过两次，她就能一字

bú lòu de bèi chū lai　　tóng xué men dōu yǐ wéi nà shì tā cóng qián bèi guò de　　yú shì
不漏地背出来。同学们都以为那是她从前背过的，于是

zài ná xǔ duō bié de shī lái shì yàn tā　　jié guǒ mǎ lì yòu dōu yí zì bú chà de bèi
再拿许多别的诗来试验她，结果玛丽又都一字不差地背

le chū lai　　dà jiā bù dé bú pèi fu
了出来。大家不得不佩服。

就是在做习题的时候，她也比别人快得多：别人要3个小时才能做完的，她只要1个小时就够了。

不过，正因为玛丽的功课太好，她才遭受到了很大的屈辱。这与她是一位波兰国民有直接的关系。

2.俄国督学

覆巢之下无完卵。在小学，成绩优异的玛丽饱尝了亡国的耻辱。她对自己多灾多难的祖国爱得更深了。

玛丽上学的时候，她的祖国波兰已经被奥、俄、德等几个国家瓜分了，波兰人成为亡国奴。玛丽所在的华沙被并入俄国领土，由一个残酷的总督统治着。

为了消灭波兰人的民族意识，总督规定在学校中不准讲波兰国语，不准使用波兰语的教科书，连波兰文的报纸也禁止发行。如果有人违反禁令，就要被放逐到西伯利亚，而且终身不能返回。总督还经常派俄国督学到各校去巡察，以防范波兰教师私下教授波兰文。这样，在热爱祖国的波兰师生与粗暴的俄国督学间，就经常出现"游击战"的场面。

"零——零——零——"

教室的电铃响了。

"来啦！"

不知是谁低低地叫了一声，教室里马上起了一阵骚动，教师和学生的脸色都变了。

站在讲台上的裘伯斯卡老师立即收拾起课本。

学生们也赶忙收起桌子上放着的波兰文的书和本子，急忙交给坐在教室角落里的5个同学。这5个同学把书本藏在围裙底下，悄悄地走到通往宿舍的门旁，把这些书本藏在门旁的阴暗处，然后又装做若无其事地回到座位上。

现在，所有的书桌上都摆着裁缝工作的用具，学生们都一本正经地缝纫着。

讲台上的老师则翻开一本俄文书，念得很起劲。

教室的门开了，一个剪着短发、戴着一副金边眼镜的胖男人挺着大肚子走了进来，他便是华沙市立学校的俄国督学，后面跟着脸色苍白的校长。

督学不怀好意地向教室内扫视了一下，问老师："现在是学缝纫的时间吗？"

他的声音十分冷酷，令人不寒而栗。

"督学先生，我们今天只缝纫两小时。"

"恐怕刚才还在教波兰文吧？"

"学生们缝东西的时候，我在给他们朗诵俄国的短篇小说呢！"

督学做了一个怀疑的表情，顺手打开身旁一个学生的书桌查看，可是里面什么都没有。

原来，学校为了应付这种突击检查，在各教室的门边装了一个秘密电铃，刚才的铃声就是通知各教室的。

督学没能发现什么，似乎很不甘心。他无礼地对

老师说："给我叫一个学生，我要考考他。"

玛丽坐在第三排，清楚地听到了督学粗鲁的话音，心中非常害怕，因为全班之中她的俄文最好，所以每次俄国的督学来找麻烦时，她总是被叫起来答话。

"玛丽。"老师果然又叫了她。

玛丽有气无力地站了起来。她尽量避免看督学的脸，把头垂得低低的。

"加德琳二世以来，统治我们的神圣的俄国皇帝是哪些？"

"保罗一世、亚历山大一世、尼古拉一世、亚历山大二世。"玛丽用流利的俄语回答。

督学感到满意，可是他突然想到也许这女孩子是在俄都圣彼得堡出生的，所以又问："你是俄国出生的吧？"

"不，华沙出生的。"

"噢——"

他歪着脑袋再问："皇帝全家的名字和称号呢？"

"皇后陛下、扎莱·维基·亚历山大陛下、大公陛下。"玛丽对答如流。

可是——"统治咱们的人呢？"

玛丽没有吭声。她不是不知道，而是她不愿意说出口。

督学脸色立刻变得难看了。

"统治我们的人是哪一位？"他急躁的语气中开始带有怒意。

校长和老师互相看了一眼，同学们都为玛丽捏着一把汗。

玛丽脸色变白了，但仍然沉默着。

督学狠狠地瞥了校长一眼："女士，你难道不教学

14

生这最神圣的名字吗？"

校长发抖了。

这下糟糕了。

突然，玛丽咬紧牙根很快地吐出一句话："俄国全领土的皇帝亚历山大二世陛下。"

"好啦！"质问完了，他已经完成了作为督学的使命。

于是，他又像走进来的时候一样，趾高气扬地跨出教室，走到另外一间教室去。

他们的脚步声刚一消失，玛丽便冲到老师面前啜泣起来。

"老师！"

"玛丽！"

liǎng rén zài jiǎng tái shang hù xiāng yōng bào zhe kū qì bié de tóng xué men yě dōu
两人在讲台上互相拥抱着哭泣。别的同学们也都

mò mò cā shì zhe yǎn lèi
默默擦拭着眼泪。

zhè jiàn shì zài mǎ lì xīn zhōng liú xià le yǒng yuǎn nán yǐ fǔ píng de chuāng shāng
这件事在玛丽心中留下了永远难以抚平的创伤。

wáng guó de chóu hèn hé chǐ rǔ shǐ tā méng fā zhe fù chóu xuě chǐ de yuàn wàng duì zì
亡国的仇恨和耻辱使她萌发着复仇雪耻的愿望。对自

jǐ duō zāi duō nàn de zǔ guó tā ài de gèng shēn le
己多灾多难的祖国，她爱得更深了。

16

3. 相约巴黎

以第一名的成绩从中学毕业的玛丽，却没有钱去巴黎继续深造。姐妹俩开始了艰苦的家教生涯。

1883 年 6 月 12 日。

玛丽以第一名的成绩毕业于华沙克拉高女中。

那天虽然很热，可是所有的毕业生还是身着传统的黑色制服，胸前别着一小束玫瑰花。

毕业典礼由唱校歌开始。

tóng xué men xīn li huí yì zhe jǐ nián lái
同学们心里回忆着几年来

de xué xiào shēng huó　dà jiā dōu yǒu diǎn yī yī
的学校生活，大家都有点依依

bù shě
不舍。

zuò wéi běn jiè zuì yōu xiù de xué sheng
作为本届最优秀的学生，

mǎ lì huò dé le lìng tóng xué men xiàn mù de róng yù　jiǎng tái shang zhèng xuān bù shòu jiǎng
玛丽获得了令同学们羡慕的荣誉。讲台上正宣布授奖

de míng dān　mǎ lì dì yī gè zǒu shàng tái qù　jiē shòu le jīn zhì jiǎng zhāng hé yì
的名单，玛丽第一个走上台去，接受了金质奖章和一

běn é wén shū　zài shī zhǎng men xùn dǎo jié shù zhī hòu　yòu yóu mǎ lì
本俄文书。在师长们训导结束之后，又由玛丽

dài biǎo quán tǐ bì yè shēng zhì xiè cí
代表全体毕业生致谢辞。

bì yè diǎn lǐ jié shù le　kě mǎ lì què gāo xìng bù qǐ lái
毕业典礼结束了，可玛丽却高兴不起来，

yīn wei tā yǒu zì jǐ de xīn shì
因为她有自己的心事。

18

玛丽和三姐布罗妮雅在姐妹中算是最优秀的。

她们两人都很用功，成绩也很好。现在，她们一起从高中毕业了，姐妹俩都想继续深造，但是当时的华沙市没有准许女子进入的大学，于是家庭富有的人们就把他们的女儿送到俄国的彼得格勒、瑞典的斯德哥尔摩或法国的巴黎留学。

玛丽和布罗妮雅的同学中已经有好几个人决定出国深造了。

巴黎无疑是全欧洲的中学生最向往的地方，可是，要到那儿去是需要许多钱的。

玛丽的母亲和大姐已经因为患上传染病先后去世了，父亲一个人支撑着全家的生活。他把大儿子约瑟夫送进医学院已经很勉强了，哪里还谈得上再送女儿布罗妮雅、玛丽她们去巴黎留学呢？

　　　　　　　kě shì　　　　hào qiáng de jiě mèi liǎ què bìng bù yīn cǐ bà xiū
　　　　可是，好强的姐妹俩却并不因此罢休。

　　　　　jiě jie　　zán men zhǎo shì zuò　　cún jǐ gè qián ba
　　　　"姐姐，咱们找事做，存几个钱吧。"

　　　　　ǹg　　zán men zì jǐ zǎn qián qù shàng xué ba
　　　　"嗯，咱们自己攒钱去上学吧。"

　　　　　tā liǎ shāngliang zhe jiāng lái qù bā lí shēn zào
　　　　她俩商量着将来去巴黎深造。

　　liǎng sān tiān hòu　　huá shā rì bào de guǎng gào lán shang chū xiàn le zhè yàng yì
　　两三天后，华沙日报的广告栏上出现了这样一

zé xiǎo guǎng gào　　jiā jiào suàn shù　　　jǐ hé　fǎ yǔ　　gāo zhōng bì yè　　shōu fèi
则小广告：家教算术、几何、法语，高中毕业，收费

dī lián
低廉。

　　mǎ lì hěn kuài jiù zhǎo dào jǐ jiā　　kě shì yì xiǎo shí zhǐ yǒu bàn gè lú bù
　　玛丽很快就找到几家，可是一小时只有半个卢布。

　　bù guǎn shì xià dà xuě　　xià dà yǔ　　hái shì guā dà fēng　　tā dōu děi zhǔn
　　不管是下大雪，下大雨，还是刮大风，她都得准

shí zài jǐ gè xué sheng jiā zhī jiān pǎo lái pǎo qù　　xīn kǔ jiù bú bì shuō le　　zuì
时在几个学生家之间跑来跑去。辛苦就不必说了，最

nán shòu de shì nà xiē xué shengquán shì xiē bù nǔ lì de　　bèi guàn huài le de hái zi
难受的是那些学生全是些不努力的、被惯坏了的孩子，

让从小学起一直考第一名的玛丽简直没法对付，而且这些学生的家长没有一点儿修养，把老师当做家里的佣人一般看待，一点礼貌也没有。

不仅如此，到了月底，指望的薪水也一拖再拖，有时甚至拿不到。

时光飞逝。攒钱并不像姐妹俩所想象的那么容易。

玛丽还小，姐姐布罗妮雅已经21岁了。

一直这样下去的话，势必要失去到巴黎留学的机会了。

玛丽想了很久，有一天晚上便向布罗妮雅说："姐姐，我今天有一件很重要的事情要跟你商量。"

"什么事呀，玛妮雅？"

"是关于你留学的事。我看我们就是拼命地工作也存不了多少钱。这样下去，姐姐年纪越来越大，会把念书的好机会失掉呢。所以，我想了想：如果你现在就去巴黎的索鲁本大学，凭你自己现

在所存的钱可以念多久书呢？"

"除掉旅费外，大概只能维持一年吧……"

"你是志愿学医的，至少要读五年，那还得要有四年的费用啦。"

布罗妮雅颓丧地看着妹妹。

"那么，你马上去巴黎，参加秋季入学考试吧。一年以后的学费，

22

wǒ huì gěi nǐ sòng qù de
我会给你送去的。"

　　a　　mǎ nī yǎ　　nǐ shuō shén me　　　　bù luó nī yǎ chī jīng de shuō
　　"啊？玛妮雅，你说什么？"布罗妮雅吃惊地说。

　　jiě jie　wǒ bú shì hé nǐ kāi wán xiào　wǒ xiǎng le hěn jiǔ cái xiǎng chū zhè
　　"姐姐，我不是和你开玩笑。我想了很久才想出这

gè jì huà　wǒ men bú yào fēn kāi lái gè bié zuò shì　yīng gāi lún liú bāng zhù duì fāng
个计划。我们不要分开来个别做事，应该轮流帮助对方

cái duì　　jiě jie xiān qù bā lí niàn shū　wǒ lái zuò shì gōng jǐ nǐ xué fèi　　wǔ nián
才对。姐姐先去巴黎念书，我来做事供给你学费。五年

zhī hòu　nǐ zuò le yī shēng zì jǐ kāi yè　nà me　wǒ zài yòng nǐ de qián qù
之后，你做了医生自己开业，那么，我再用你的钱去

bā lí dú shū　zhè jì huà bú cuò ba　nǐ xiàn zài jiù qù　lí zhè xué qī kāi xué
巴黎读书。这计划不错吧？你现在就去，离这学期开学

hái yǒu chōng fèn de shí jiān ne
还有充分的时间呢！"

　　mǎ nī yǎ　xiè xiè nǐ　　　bù luó nī yǎ bù jīn rè lèi yíng kuàng　　mǎ
　　"玛妮雅，谢谢你！"布罗妮雅不禁热泪盈眶，"玛

23

妮雅，你的好意叫我太感激了，但是，你得仔细想想。你赚来的钱刚够贴补家用，你还要供给我，到那时家里怎么办？"

"姐姐，我已经跟爸爸商量过了，我不再到处去做家庭教师了，我以后要住到学生家里，这样可以省下房租和伙食费，一年足可以拿到四百卢布哩！我已经找到了一户人家，虽然离华沙挺远，要和爸爸分开，但能够存下钱供你上学，还是件让人高兴的事。姐姐，你马上就去巴黎好不好？"

布罗妮雅眼里滚出亮晶晶的泪珠。

"谢谢你！玛妮雅。让我去做

那家的家庭教师吧。你先去巴黎。你是我们姐妹中最聪明的，在学校的成绩也是最好的，爸爸和死去的妈妈也都希望你能继续深造呢。"

玛丽抬起头来看着满脸泪痕的姐姐，说："讲这些干什么？姐姐，我现在才18岁，你已经21岁了。谁都会赞成你先去升学的。你早些做医生或自己开业，到时候我再求你帮忙也不迟……而且，我已经跟那户人家约好，后天要搬过去

呢！"

bù luó nī yǎ zhōng yú tóng yì le mǎ lì de jì huà
布罗妮雅终于同意了玛丽的计划。

jiě mèi liǎ jiù zhè yàng fēn bié le　yí gè qián wǎng bā lí de suǒ lǔ běn dà
姐妹俩就这样分别了，一个前往巴黎的索鲁本大

xué qiú xué　yí gè qián wǎng huá shā chéng wài piān pì de nóng cūn rèn jiào
学求学，一个前往华沙城外偏僻的农村任教。

4. 自由的国度

一直攒钱供姐姐读书的玛丽，终于踏上了巴黎的土地，走进了她向往已久的索鲁本大学。

1890年，玛丽从中学毕业已将近八年了，和三姐布罗妮雅分手也已四年多了。她离开农村之后又在华沙找了几个家庭教师的工作，重新开始整天奔走的忙碌生活。

虽然又和爸爸、哥哥、姐姐团聚在一起，但是留学的愿望却一直不能实现。

哪一天才能踏上巴黎的土地呢？

玛丽忧心如焚。

就像许多不幸的事情常常是突然降临一样，有时幸运也会不期而至。

就在玛丽已经感到筋疲力尽，对留法的事情已经不抱太大希望的时候，从姐姐布罗妮雅那儿寄来了一封信。

那是一封叫玛丽去巴黎的信！

玛丽兴奋地红着脸读信：

"亲爱的玛妮雅：

叫你辛苦多年了，也让你等得太久了；可是这次该轮到你来巴黎念书了。索鲁本大学完美的校风将令你满足。我已经和从前告诉过你的那位卡基

米·德鲁斯基结婚了。本来希望爸爸和你来巴黎参加婚礼的，但是因为决定得太匆忙，所以没有来得及写信通知你们。

我在学校还剩最后一关——考试，但是卡基米已经考完试，获得了博士学位。我们为了彼此的功课和经济情形，不得不提早结婚。

卡基米也很赞成你来巴黎呢！

如果你住在我们这儿，那么住食费用都可以省了。

wǒ xiǎng bà ba huì gěi nǐ zhǔn bèi qǐ chū yòng de sì wǔ bǎi lú bù hé líng yòng qián de
我想爸爸会给你准备起初用的四五百卢布和零用钱的。

yī nǐ de chéng dù　dà gài liǎng nián jiù kě yǐ ná dào xué shì xué wèi
依你的程度，大概两年就可以拿到学士学位。

rú guǒ nǐ xià dìng le jué xīn　qǐng kuài kuài gēn bà ba shāng liang hǎo　zǎo diǎn
如果你下定了决心，请快快跟爸爸商量好，早点

lái
来。"

nián　　yuè　mǎ lì gào bié le huá shā　xiàng zhe mèng zhōng de bā
1891 年 10 月，玛丽告别了华沙，向着梦中的巴

lí chū fā
黎出发。

tā zhǐ xié dài yì zhī cū lòu de mù xiāng　kě shì nèi xīn què chōng mǎn le xī
她只携带一只粗陋的木箱，可是内心却充满了希

wàng
望。

huǒ chē jīng guò dé guó xī bù nà yǒu míng de lái yīn hé hòu　biàn jìn rù zì yóu
火车经过德国西部那有名的莱茵河后，便进入自由

de fǎ guó lǐng tǔ
的法国领土。

mǎ lì fàng xià shǒu zhōng de shū　wàng zhe chuāng wài de
玛丽放下手中的书，望着窗外的

fēng jǐng　bó mù zhōng de píng yuán　jiù hǎo xiàng dà huà jiā
风景。薄暮中的平原，就好像大画家

mǐ lè de míng huà
米勒的名画。

车中乘客悠然自在的神情，与忧郁的波兰人或一本正经的德国人大不相同。被这种自由的气氛所感染，玛丽几乎忘了旅途的寂寞。

火车终于驶进了巴黎车站，布罗妮雅正在车站等候。两人高兴地拥抱起来，喜极而泣。

巴黎的街道对这位华沙来的姑娘来说真是充满了奇景。书店里摆满了世界各地珍贵的书籍。

在华沙，只要一提及书名就会被秘密警察拘捕的书，在这儿却可以堂而皇之地摆在靠街的书架上。

路面很宽，两旁种着整齐的柏树——人们谈笑自

若，自由自在地散步。

这儿绝对看不到像在华沙那样人们畏首畏尾、交头接耳的情形。

在巴黎，来自世界各地寻求自由的人们忘记了不同的人种和国籍，各人讲着自己国家的语言，自由自在地生活着。

艺术家、学生、政客、旅行家，玛丽简直搞不清楚巴黎到底有多少类人了。

布罗妮雅的房子，比玛丽想象的漂亮而且也舒服多了。

玛丽内心充满了幸福，她不顾旅途的辛劳，给父

亲写了一封信：

"爸爸：

我已安全抵达巴黎了。多么和平与自由的巴黎啊！人们的脸上闪耀着在华沙市所看不到的光彩。

我深深羡慕这些生活在自由国土上的人们！

姐姐很健康。卡基米姐夫是一位了不起的波兰人，您见了一定也会喜欢他的。最近他获得了博士学位，已经开始行医了。

今天姐姐带我去参观巴黎的名胜和古迹。我有生以来第一次看到凯旋门和诺特丹寺院，真是大开眼界。

在没有自由的国度里，是绝对造不出那样壮丽的建筑的。

索鲁本大学给了我极大的惊奇。一想到不久便可以进入这所大学的校门，八年来的辛劳也就算不得什么了。

爸爸也许还记得德国大宗教家马丁·路德的名言：'巴黎有举世最佳的大学，其名曰索鲁本。'

我希望有一天，所有的波兰学生们都能进入这样的大学来念书。"

1891年11月3日，玛丽进入索鲁本大学。

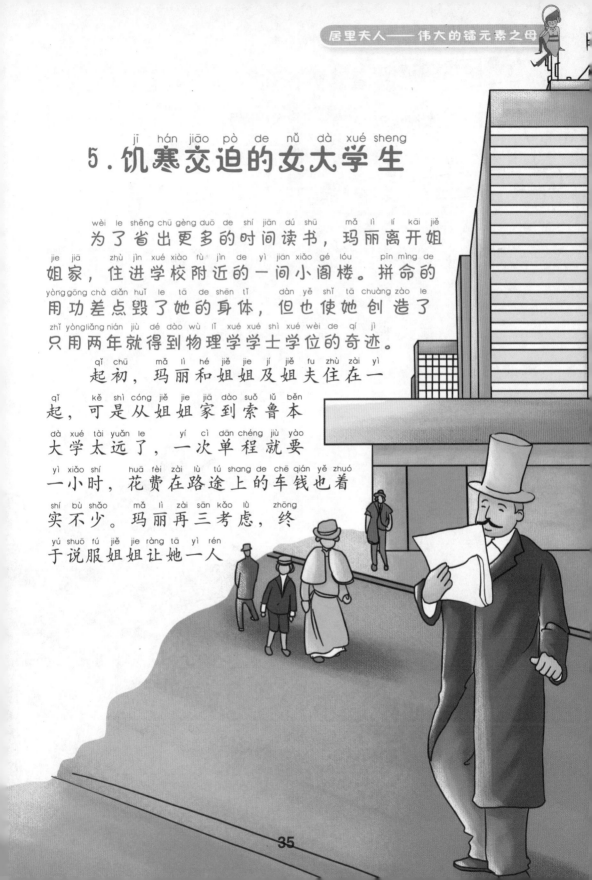

5.饥寒交迫的女大学生

为了省出更多的时间读书，玛丽离开姐姐家，住进学校附近的一间小阁楼。拼命的用功差点毁了她的身体，但也使她创造了只用两年就得到物理学学士学位的奇迹。

起初，玛丽和姐姐及姐夫住在一起，可是从姐姐家到索鲁本大学太远了，一次单程就要一小时，花费在路途上的车钱也着实不少。玛丽再三考虑，终于说服姐姐让她一人

搬到离学校近一点儿的地方去住。最后在一户人家的阁楼顶上，玛丽找到一间房子——那原来是给男工住的地方。

倾斜的天花板上安装了一个窗子，在屋里只有从那儿才能看到一角天日。此外一无所有：既没有火炉，也没有水电。但是——租金便宜。最主要的是非常安静，没人打扰。所以玛丽不顾姐姐的劝阻，坚持租住下来。

为了节省开支，玛丽在预算内把乘车费除去了，无论风吹雨打或大雪纷飞，她都步行到大学去。为了节省灯油和燃料，玛丽晚上常常带上书

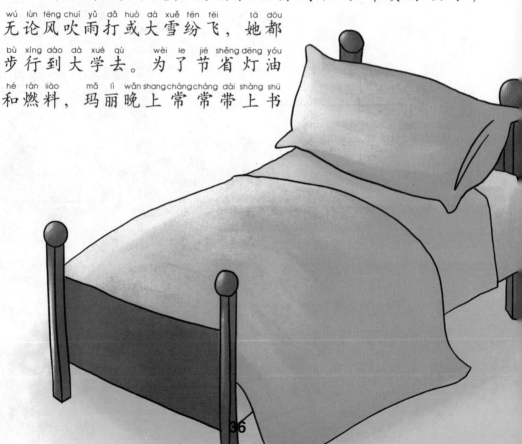

本去图书馆，而且不到关门不肯回来。

图书馆关门之后，玛丽便回到自己的房里，用硬面包和冷水充饥，然后在昏暗的灯光下继续看书到两点钟。

巴黎的冬天很长，在屋顶的小阁楼里，晚上即使躲进被窝里还是冷得不能入睡。有时候，玛丽只好打开皮箱把所有夏天的衣服全部取出来压在被子上。有时身体还是不住地发抖，她便把唯一的一张椅子放在被上，想用它的重量换取一点温暖。

偶尔去姐姐家里玩一次，玛丽对生活的苦难从不提及，倒是对学校里的课业津津乐道。

有时，姐姐布罗妮雅问她："玛妮雅，最近你的脸色不大好啊？"

她只是简短地回答:"这几天有些感冒。"

假使问她:"是不是用功过度了?"

她就回答:"没办法,功课进度太快了。"

玛丽深深地知道,家里人为了支持她的学业,付出了多么巨大的努力。她要尽量节省时间,节省费用,力争在最短的时间内完成学业,拿到学位。别人需要

一年完成的事情，她希望能在半年中完成；别人需花两年时间完成的事情，她则想在一年中做完。为此，她把生活上的需求减到最低，而把全部的时间和精力都用在学习上。

可是，一个人的精力毕竟是有限的。太过于忽视日常生活的玛丽，虽然想用意志克服一切，但身体究竟支持不住了。有一天，她在来访的朋友面前昏倒了。

姐夫卡基米闻讯赶来，一口气跑上了七层楼，一推开她的房门，心里就全清楚了。

锅盘已经有两三天没使用过了。除了茶壶里还有一点茶叶以外，连一片面包、一点奶油都没有，糖罐也是空的。

"玛丽，你饿了吧？"

"啊，不……"

"中午吃的什么？"

"嗯，吃的什么……刚刚才吃过的呢……"

shuō qīng chu nǐ chī de dōu shì shén me
"说清楚你吃的都是什么？"

yīng táo   hái yǒu
"……樱桃……还有……"

hái yǒu shén me
"还有什么？"

xiǎo hóng luó bo
"小红萝卜。"

hái yǒu shén me
"还有什么？"

mǎ lì dá bù chū lái le
玛丽答不出来了。

tā suǒ chī de zhǐ yǒu bàn bàng yīng táo hé yì xiǎo bǎ hóng luó bo   ér qiě zhè
她所吃的只有半磅樱桃和一小把红萝卜，而且这

hái shì liǎng tiān lái de quán bù liáng shi
还是两天来的全部粮食！

玛丽昨晚开夜车到3点钟，睡了4个钟头便去上课，回来只吃了一点小红萝卜。不久，有朋友来找她，两人讲着讲着，玛丽就失去了知觉。

玛丽被卡基米逼得没有办法，只好照实说了。

"昨天吃了什么？"卡基米继续追问。

玛丽感到困惑，但还是回答了："昨天吃的跟今天差不多。"

玛丽简直不耐烦回答这些问题。在她想来，只要能念书就好了，何必花许多时间去煮汤做菜呢！现在的她实在没时间去摆弄三餐。

可是在做医生的卡基米看来，这样的生活简直不是人的生活了。

卡基米把玛丽带回家。一到家中，卡基米就叫布罗妮雅马上做几样营养丰富的食物给玛丽吃。

香喷喷的牛排、用大量牛油炸的马铃薯——这位姐夫医生所开的处方，马上给玛丽的脸颊上带来了血色。

当晚10点，玛丽房里的灯火就被熄灭了，她安稳地躺在温暖而柔软的床上。

以后的四五天，玛丽的餐桌上总是摆满了圣诞餐似的山珍海味。对于她那衰弱的身体，爱心、佳肴和充分的睡眠比任何高价的药更有效果。

经过四五天的补养，玛丽明显地康复了。她向姐

姐、姐夫保证注意自己的身体后，才被放回自己的小阁楼。

但是，她又开始过从前那样艰苦的生活了。

用功，再用功，她的生活除了用功以外没有别的。

两年过去了。

7月初，天气非常闷热，玛丽走进了物理学士学位考试的考场。

考试的结果由考试官按着成绩的高低在大礼堂中依次发表。

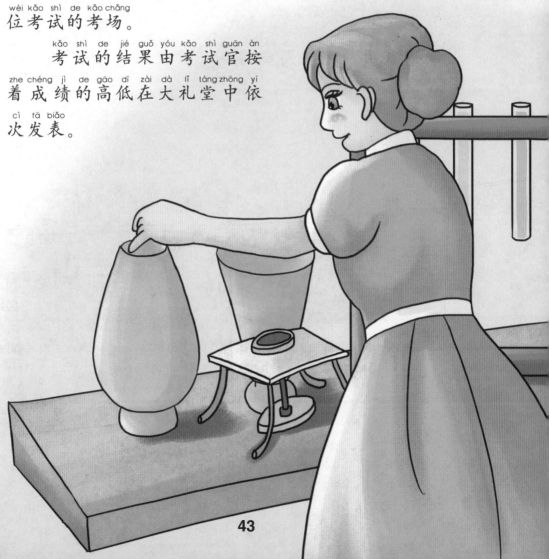

这一天，姐夫卡基米很关心地陪着玛丽去听。时间到了，考试官很严肃地登上讲台。一瞬间，礼堂里静如止水。

考试官提高了嗓音喊出及格的人名："第一名，玛丽·克劳夫斯基。"

礼堂内马上起了一阵骚动。

玛丽终于胜利了！她的两腿发抖，泪水沿着面颊流了下来。

玛丽仅用两年时间就得到了索鲁本大学物理学的学士学位。

6. 新的生活

在华沙稍作休息的玛丽，再一次踏进索鲁本大学攻读数学学士学位。这一次她开始了关于钢铁的磁气性能的研究，并结识了皮埃尔·居里。

华沙的夏季是愉快的。

父亲、哥哥约瑟夫和姐姐荷拉衷心地为玛丽的成功高兴。

一取得学位，玛丽就登上了返回华沙的列车。现在，她回到家里，又像孩提时代那样，吃得饱、睡得足了，已和刚从巴黎回来时判若两人。

有一天，父亲说："玛妮雅，你就留在华沙教书吧，天天陪陪爸爸好不好？"

可是，玛丽还想再到巴黎去一趟，取得数学学位再回来。正在这时，

巴黎的一位挚友瑞斯茵小姐替她申请到一份"亚历山大奖学金",这是专门对优秀的外国留学生开设的。奖金总共600卢布,用它过15个月生活是绰绰有余的。

父亲看到玛丽高兴成那个样子,也就不强留她了。玛丽安慰父亲说:"爸爸,不要担心。这次只用一年时间,很快就会回来的。拿到数学的学士学位,我的愿望就达到了,以后就不会离开您了。"

玛丽来到巴黎后,一方面在索鲁本大学专攻数学;另一方面,她又接受了恩师立蒲曼教授介绍的法国工业振兴协会所委托的正式研究工作。这是一项关于钢铁的磁气性能的研究,这项工作的报酬足够她一次还清奖学金的借款,所以玛丽非常起劲地做。

可是，事情一开始，玛丽就发现比她所想象的要困难得多。

首先，要分析矿苗和收集金属的标本就得有个宽敞的场所，可是她不好意思占据立蒲曼教授研究室的全部，因为教授本人在那儿也正在进行着几项重要研究。

恰在此时，一位在大学教物理的波兰人来看她，知道了她的苦恼后，说："我有一个地方。你大概听人说过皮埃尔·居里这名字吧……他是一位了不起的学者。我想他可以借一部分研究室给你。无论如何，这是值得一见的人，让我就借这个机会给你介绍一下。"

皮埃尔·居里是出生在莱茵河旁阿尔萨斯州的学者，从小就聪明过人。他当时是巴黎物理化学学校的实验主任，发明了一种叫"居里天平"的化学天平，同时也因发表了一篇关于磁性的"居里定理"论文而扬名国外。这时他不过35岁。

玛丽和皮埃尔·居里第二天首次会见。立蒲曼教授也在座，他笑着为两位年轻人介绍："这是从华沙来索鲁本大学理学院研究的玛丽·克劳夫斯基小姐。""这是以'居里定理'闻名的皮埃尔·居里先生。"

pí āi ěr　　　jū lǐ kàn qǐ lai bǐ tā de suì shù xiǎn de nián qīng　　　tā nà
皮埃尔·居里看起来比他的岁数显得年轻。他那

shēn chén de yǔ diào　　wěn zhòng de wēi xiào yǐ jí míng lǎng de biǎo qíng dōu shēn shēn xī yǐn
深沉的语调、稳重的微笑以及明朗的表情都深深吸引

le mǎ lì
了玛丽。

bù zhī bù jué de　　liǎng rén jiàn jiàn jiē jìn le
不知不觉地，两人渐渐接近了。

bù jiǔ　　pí āi ěr cháng cháng dào wèi yú fēi yáng jī lù de mǎ lì de zhù suǒ
不久，皮埃尔常常到位于飞洋基路的玛丽的住所

liáo tiān　　liǎng rén rè xīn de tǎo lùn zhe xué wen　　shí cháng wàng le shí jiān
聊天，两人热心地讨论着学问，时常忘了时间。

bù jiǔ　　pí āi ěr de mǔ qin biàn xiān dào mǎ lì de jiě jie bù luó nī yǎ jiā
不久，皮埃尔的母亲便先到玛丽的姐姐布罗妮雅家

去提婚事，布罗妮雅和卡基米当然十分赞成。玛丽心里也甜丝丝的，可是，她还有另外一点烦恼："假如我跟皮埃尔结了婚，归化成法国人，那么在华沙渴盼我回去的爸爸要多失望啊！"

1894年7月，玛丽又成功地通过了索鲁本大学的数学学士学位考试，成绩是第二，同时她又完成了法国工业振兴协会所委托的关于钢铁磁气性能的研究，用所得的报酬还清了"亚历山大奖学金"。

奖学金财团的秘书惊异地说："从来没有人像你还得这样快呢！"

"我想早一天还清了这奖学金，你们这边还可以早些再把它借给别的清寒学生，所以我要尽快还给你们。"

秘书听了玛丽的话，敬佩不已。

玛丽又回到了华沙。

想见父亲的喜悦和跟皮埃尔离别的伤感在她心中交织着，她不知道该如何向父亲报告她和皮埃尔的

51

恋情。在三天的火车旅程中，她脑海中一直考虑着这件事。

但是父亲早已从布罗妮雅的信里知道一切了。对于皮埃尔高尚的家庭背景，尤其他本人是一位相当了不起的物理学者等情况，他已经很清楚了。他对玛丽说："我很感谢你对我的惦念。你走了，我当然会感到寂寞些……但是，我总不能阻止你去追求学问。没有布罗妮雅的信，我也很明白皮埃尔在

物理学方面的成就。我怎能反对你跟这样一位有前途的人结婚呢？为了你的将来，爸爸可以忍受寂寞，你到巴黎去和他结婚吧！"

1895 年 7 月 26 日，玛丽·克劳夫斯基和皮埃尔·居里在皮埃尔双亲在巴黎郊外的住宅内举行了婚礼。

玛丽的父亲和姐姐荷拉也特地从华沙赶来参加婚礼。

典礼之后，玛丽和皮埃尔用亲友赠送的结婚礼金买了两辆自行车，骑车去度甜蜜的新婚旅行。

7.家庭主妇与科学家

成了居里夫人的玛丽，一方面要继续她的研究，另一方面还要学做家庭主妇，此外还要准备中学教师资格考试。

玛丽在她27岁那年，成了居里夫人。当时皮埃尔36岁。

两个人住在格拉谢街24号公寓内的五楼。皮埃尔·居里每天上物理学校，他的太太玛丽也到校内的实验室去做研究工作。傍晚时分，两个人才手牵手回家。

房里只有一个书桌和两把普通的椅子，这是夫妻俩吃饭和读书时用的。

皮埃尔每月300法郎的薪水便是他们两个人全部的收入，可是一向过惯了节俭生活的玛丽却一点都不以为苦。

当然，这区区300法郎的生活费是绝不丰裕的，尤其是如果要买参考书的话，马上就会影响到生计，所以玛丽为了取得中学教员的资格，便又开始准备课业了。

56

普通的家庭主妇几乎每天都离不开厨房，可是，玛丽就和她们不同了。

作为一个主妇，她也有许多的杂事，例如：做饭、洗衣、打扫房间等等；而作为一个科学家，她就得继续她的研究工作；此外，她还要减少一些睡眠的时间去准备中学教员检定考试。

玛丽作为家庭主妇，只有一个缺点，那就是因为她从小寄食在别人家里，所以没有机会学习做菜。

学生时代，她是用面包涂奶油来充饥的，可是作为一个家庭主妇就不行了，尤其在对于吃是很讲究的法国。

她怕皮埃尔的母亲笑话她"华沙的姑娘连菜都不会做啊"，所以她偷偷地到布罗妮雅或卡基米的母

qīn nà lǐ qù xué xí zuò cài
亲那里去学习做菜。

kě shì shāo ròu zhǔ cài bú shì yí cì jiù néng xué huì de cān kǎo zhe shí
可是，烧肉煮菜不是一次就能学会的，参考着食

pǔ zuò chū lai de cài wèi dào zǒng bú gòu lǐ xiǎng
谱做出来的菜，味道总不够理想。

xìng kuī pí āi ěr zhè ge rén duì shén me shì dōu bú tài zài hu suǒ yǐ tā gēn
幸亏皮埃尔这个人对什么事都不太在乎，所以他根

běn yě chá jué bù chū mǎ lì zhèng zài kǔ xīn de yán jiū pēng rèn ne
本也察觉不出玛丽正在苦心地研究烹饪呢。

pí āi ěr zhè tāng rú hé
"皮埃尔，这汤如何？"

"呀，这是什么汤？我刚才在想一个方程式，没注意。"

为了博得丈夫的欣赏，两天以前就费心准备的一道汤，没想到对皮埃尔却引不起一点反应，玛丽只好苦笑。

无论家事多烦，玛丽从不中断她一天八小时的研究。

收拾完晚餐，她就要打开家庭记账簿，仔仔细细记入一切费用：丈夫的开销，自己的伙食费、杂费等等。记好账以后，就开始用功读书。

两个人共用一盏灯，面对面坐着。皮埃尔为次日的课做纲要，玛丽则翻阅教员检定考试的参考书。

他们俩的公寓窗口，到12点、1点，有时到3点，灯光还没有熄灭。

皮埃尔夫妇结婚次年的3月，姐姐荷拉要在华沙举行婚礼，哥哥约瑟夫来信邀他们两人同去参加婚礼。

玛丽回了这样一封信：

"来信收到了。以我们目前的情形恐怕去不了华沙。请先替我们向荷拉姐姐祝福。

我们两人的生活是早晚用功，没有应酬，也没有娱乐。

中学教员检定考试要能及格的话，生活可能舒服一点。在此之前，我们只有尽量节省一切花费了。

现在巴黎正是堇花盛开的时节。这种花到处都能买到，价钱又很便宜，我们这简陋的房间也靠这种可爱的花朵来点缀呢。"

8月，玛丽的一番苦心终于得偿了：她以第一名的成绩通过了中等学校教员检定考试。

61

8.储藏室里的实验室

基于柏克勒尔线的研究，居里夫妇开始了新元素的寻找。经过几年的辛苦，他们终于发现了新元素——钋。

玛丽·居里从小就富于冒险精神。同样到一个地方去，她总喜欢走各种不同的路，去发现别人所不知道的路途。

现在，她对柏克勒尔线产生了浓厚的兴趣。

所谓柏克勒尔线，是从当时已发现的X光线的研究附带想到的新的射线。柏克勒尔教授由于研究一

种叫做铀的罕见金属，而发现了一种与 X 光线相似的东西。

这是一个意外的发现。这种罕见金属可以不必受其它种光的刺激，自体就能发出一种奇异的光线。

而且，这奇异的光线不但具有能穿透黑纸的强力，同时还可以使周围的空气起传导的作用。长久放在黑暗中，它也可以放射光线。

这种稀有的现象，后来经玛丽的研究，被命名为"放射能"。

63

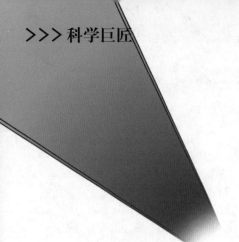

柏克勒尔线的这种奇异能力究竟是怎么来的呢？它的辐射性质又是如何呢？

欧洲所有的研究所中还没有人继续这项研究，只有亨利·柏克勒尔向法国科学学士院提出了研究报告。

"也许，这能促成化学新元素的发现呢。"

玛丽立即把自己的想法告诉了皮埃尔。

皮埃尔当然也赞同，于是夫妻俩便决心共同着手这项新的研究计划。

皮埃尔马上自告奋勇地去找校长。结果校长答应借给他们一间简陋的储藏室作为研究的实验室。

这个储藏室是临时加盖的，没有地板，那玻璃板的屋顶遇到下雨天便会漏水。

可是，这还是校长特别通融才有的，所以他们两人也就心满意足了。

这屋子夏天热冬天冷，只有一具坏了烟囱的火炉，四张长短不齐的桌子和一个破旧的黑板。

可是，居里夫妇已经无暇顾及这些了。往后四年的工夫，他们夜以继日地在这个房间里努力研究着。

开始研究之际，玛丽发现了一个问题。

bǎi kè lè ěr xiàn de qí yì zuò yòng
柏克勒尔线的奇异作用

shì zhǐ jiàn yú yóu kuàng de tè shū xiàn xiàng
是只见于铀矿的特殊现象

ne hái shi zhè zhǒng zuò yòng de fā xiàn zhǐ
呢，还是这种作用的发现只

shì yí gè ǒu rán de qiǎo hé shì bu shì
是一个偶然的巧合？是不是

bié de wù zhì yě néng yǒu tóng yàng de xiàn xiàng
别的物质也能有同样的现象

fā shēng rú guǒ shì zhè yàng nà me jiù
发生？如果是这样，那么就

děi xiān qù zhǎo yóu yǐ wài de jù yǒu zhè zhǒng
得先去找铀以外的具有这种

xiàn xiàng de wù zhì cái duì
现象的物质才对。

jī yú zhè ge xiǎng fa tā shǒu xiān
基于这个想法，她首先

jiāng gè gè wù lǐ huà xué xué xiào suǒ shōu jí
将各个物理化学学校所收集

de gè zhǒng kuàng wù dōu jīng guò diàn liú jì
的各种矿物都经过电流计

shì yàn tōng cháng yì zhǒng kuàng wù yào jīng guò xǔ duō cì de shì yàn fū qī liǎ zài
试验，通常一种矿物要经过许多次的试验。夫妻俩在

jīng guò jǐ qiān cì de shí yàn zhī hòu
经过几千次的实验之后，

fā xiàn zài yóu kuàng zú zhōng de yì
发现在铀矿族中的一

zhǒng lì qīng yóu kuàng zhōng hán
种——沥青铀矿中，含

yǒu qiáng dà de fàng shè néng yě xǔ
有强大的放射能。也许

zhè lì qīng yóu kuàng zhōng hán yǒu yóu
这沥青铀矿中含有铀，

suǒ yǐ tā cái huì jù yǒu qí yì de
所以它才会具有奇异的

fàng shè néng kě shì qí guài de shì
放射能，可是奇怪的是

tā de fàng shè néng què bǐ chún cuì de
它的放射能却比纯粹的

yóu kuàng hái qiáng sì bèi
铀矿还强四倍。

zhè qiáng sì bèi de fàng shè néng àn shì xiē shén me ne   yí dìng yǒu yuán yīn de
这强四倍的放射能暗示些什么呢？一定有原因的。

fū fù liǎ de yǎn jing yīn cǐ xīng fèn de fā guāng   kě shì   fàng shè wù shí tǐ
夫妇俩的眼睛因此兴奋得发光。可是，放射物实体

hái bù kě dé zhī
还不可得知。

jiǎ rú yǒu shén me dōng xi zài qí zhōng   nà shì bu shì wèi bèi fā xiàn de huà
假如有什么东西在其中，那是不是未被发现的化

xué yuán sù ne
学元素呢？

67

玛丽到索鲁本大学去找恩师立蒲曼博士。

"居里夫人，你的研究是可喜的，不过，提到化学上的新元素，问题可就复杂了。恕我奉劝你，再回去重做一次研究吧，其中可能有错呢！"

不过，随着研究的进展，立蒲曼博士也倾向于同意居里和玛丽的推测。在1898年4月12日的学士院例会上，他提出报告说："玛丽·克劳夫斯基·居里预告沥青铀矿之中含有具备强放射性的化学新元素。"

这一消息马上引起全世界物理学界的关注。

那么，下一步呢？

68

下一步就是：找出这新的元素，以及确定它在沥青铀矿之中含有多少分量。

"大概占沥青铀矿的百分之一含量吧……"起初，居里夫妇这么想。

可是，后来才知道，这放射性元素在沥青铀矿中连百分之一的含量都不到！

为了探究这新的元素，得先去分析沥青铀矿。先要找出放射能产生于此矿石的哪一部分，再把不要的部分剔去——把研究对象的范围一点一点地缩小。

出乎意料的是，起初以为只有一个新的元素，原来不仅是一个，而是两个。

　　1898 年 7 月，居里夫妇发现了其中的一个元素。
为了纪念玛丽的祖国波兰，他们把它命名为"钋"。

70

9.发现镭

　　为了证明他们所预言的第二种元素——镭，居里夫妇在简陋的实验室挥汗苦干了近四个年头。终于，他们提炼出了镭。

　　发现了钋五个月后，居里夫妇又预言了第二个新元素的存在。新的元素被定名为"镭"。

　　钋和镭的新发现对物理学界而言是一件重大的事情。

向来对放射性物质的说明是——接受外来的光而引出物质内部的放射线，可是居里夫妇所发现的钋和镭却是由它们内部自然放出放射线的放射性物质——如何说明这理由是很费脑筋的。

谁都没见过这"镭"的实体，也不知道"镭"的原子量，所以学者们提出："没有原子量的东西是不可能存在的，让我们先看看所谓'镭'的实体吧！"

这是很合理的要求，居里夫妇当然不会拒绝。

但是现在他们夫妇俩遇到困难了，那就是如何去从沥青铀矿中提取出这两种新元素，或者如何去证实这二者的存在。

因为这两种新元素的含量太小，所以，尽管只有数克重，也需要弄到大量的沥青铀矿才能提炼出来。然而，在什么地方做这个实验呢？所需的费用是多少呢？

问题一个接一个地出现在他们两人的面前。

这沥青铀矿的原矿是相当贵重的，又集中在奥地利的约姆斯达矿山。

假如要买它几吨的话，需要花一笔可观的钱，不过，如果去收买已经提炼出铀的残渣的话，也许会便宜得多。钋或镭在那些残渣之中也一定可以发现到的，所以就不必花很多的钱去买昂贵的原矿物了。

居里夫妇马上委托维也纳科学学士院去和约姆斯达矿山交涉。

那个国有工厂是奥地利政府管理的，他们正愁没地方存放这些沥青铀矿的残渣，所以竟白送了一吨给他们，并且说如果再要，价钱随便！

于是，原料的问题解决了，剩下的是资金问题。

假使要向法国政府请求补助金，对于这样一个渺茫的实验，人家一定不会理睬的。那么，只好靠着夫妻俩自己了。

有一天早晨，一辆运炭的马车来到了校内。

玛丽穿着实验服从研究室里跑出来一看，原来是他们所等待的沥青铀矿到了。

皮埃尔也走出来，默默地注视着工人把矿石搬下来。

wǎng hòu sì nián　　　　wèi le tàn jiū　yǔ zhòu jiān zhè
往后四年，为了探究宇宙间这

yí dà mì mì　　　tā men èr rén jiù yào yǔ zhè xiē kuàng shí
一大秘密，他们二人就要与这些矿石

jié xià bù jiě zhī yuán le
结下不解之缘了。

zài yán rè de xià tiān　　　tā men bǎ zì jǐ guān zài xiǎo chǔ cáng shì zhōng　shǒu
在炎热的夏天，他们把自己关在小储藏室中，守

zhe dà guō　　　bù tíng de jiǎo dòng guō zhōng gǔn fèi de yuán liào　　shēn shang de gōng zuò fú
着大锅，不停地搅动锅中滚沸的原料。身上的工作服

cháng cháng bèi huī chén hé suān zhì nòng de kàn bu chū dǐ sè　　　ér
常常被灰尘和酸质弄得看不出底色，而

眼睛和喉咙又被煤烟刺激得发痛。

研究室太小，所以不得不把机器搬到外面来工作，可是有时夏天的阵雨又会在无意间下起来，于是夫妻俩又连忙把东西往屋里搬。

为了避免毒气袭人，冬天里窗子也不能关，所以室内的温度很低，做记录的手有时冻得拿不住铅笔。

下雨天因屋子漏雨，就得搬动机器。刮起风来，屋里灰尘飞扬，记录卡被风吹得满屋子乱飞。

居里夫妇连续从奥地利搬了数回沥青铀矿来，可是，镭还是不肯现形。

研究陷入停顿，生活却越来越艰苦了。这时，玛丽已经有了第一个女儿伊莲，而皮埃尔的父亲因为老妻去世，也搬来和他们住在一起，再加上一个女佣，一家五口人。原来存下的一点积蓄，渐渐所剩无几了。再埋头研究，不出去挣钱已经不行了。

皮埃尔有些焦虑，几度想中止实验。

可是，玛丽总是用坚定的口吻说："我想一定会成功的，别气馁。"

夫妻俩每隔一年便发表一次研究报告，虽然没有什么显著的成绩，但因为这是物理学者关于未知的放射

77

能的重大报告，因此很受物理学界的重视。

为了度过生活上的难关，皮埃尔只好抽出一部分时间到医科大学先修班讲学，而玛丽则到凡尔赛附近的协布女子高等师范学校去兼课。

实验在艰难中顽强地进展着。

1902年4月，居里夫妇的精诚终于有了满意的结果。

提炼出来的镭，仅仅只有1克，但这却足以使镭的存在成为不可动摇的事实了。

三年零九个月，血汗的结晶啊！

居里夫妇兴奋得睡不着觉。

"皮埃尔，今晚再去看一次镭好不好？"

"好，走！"

已经是晚上十点钟了，两人披上外套走向寒冷的街心。路上已没有行人，只有瓦斯灯惨淡地发着朦胧的蓝光。

dǎ kāi shí yàn shì
打开实验室，

lǐ miàn hēi qī qī de
里面黑漆漆的，

zhǐ kàn jian zài hēi àn de
只看见在黑暗的

zhuō shang yǒu yì diǎn fā zhe
桌上有一点发着

qīng bái sè de guāng　　　　liǎng rén dōu bèi zhè zhǒng qí yì de jǐng xiàng xī yǐn zhù le
青白色的光——两人都被这种奇异的景象吸引住了。

fàng zài bō li pán shang de léi fā zhe qīng sè de dàn dàn de guāng　　hǎo xiàng shì cóng yí
放在玻璃盘上的镭发着青色的淡淡的光，好像是从一

gè yáo yuǎn wèi zhī de shì jiè　　xiàng zhe tā men zhāo shǒu shì de
个遥远未知的世界，向着他们招手似的。

a　　léi
啊，镭！

wèi le zhè yì diǎn diǎn guāng　　jū lǐ fū fù kè fú le duō shǎo jiān xīn kùn kǔ
为了这一点点光，居里夫妇克服了多少艰辛困苦！

ér jīn tā xiàng zài mèng zhōng yì bān de fā zhe guāng　　liǎng rén zài hēi àn zhī zhōng　　jī
而今它像在梦中一般地发着光。两人在黑暗之中，激

dòng de jǐn jǐn wò zhe shǒu
动得紧紧握着手。

10.获得诺贝尔奖

镭的发现以及镭所带来的理论和实践上的重大影响，使居里夫妇获得了诺贝尔物理学奖。

镭的发现有什么意义呢？

首先，它推翻了向来认为宇宙是由固定元素所组成的，而这本质的东西是永不变化的概念。

镭的本身通过持续放射出 α 和 γ 射线等衰变成新元素——换言之，这种放射性元素自己是处于一刻也不停地变化的状态。

后来，玛丽把这种元素在放射中变化的情

况 称为"原子变化的大动乱"。

同时,她进一步研究发现——放射性元素在不停地变化,它的量不久会减至一半。例如,镭需要1600年。后来人们管这个时间叫放射元素的半衰期。

人们又发现,居里夫妇发现的镭,对于向来被认为是绝症的癌的治疗,也有着很好的效果。

这是一项很不寻常的发现。后来这种疗法便被命名为"居里疗法"。

这样一来,镭固然成了工业界的一大新目标,同时在医学界更引起了轩然大波。

于是,1902年,法国科学学士院立刻以2万法郎的经费和5吨的矿石请居里夫妇提炼出镭。

然而,事实上,要提炼出一克重的镭所需的沥青铀矿要8吨之

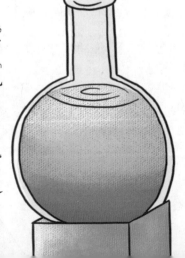

多。换句话说，从八辆卡车所载矿石之中，只能提炼出相当于一根火柴棍儿的镭。

当时这种从8吨矿石中炼出来的一克镭的定价是75万法郎。

这种镭具有一种特殊的性质：在日光之下，人的肉眼看不见它所射出的光，但是移到暗处，它的光会强烈到能看书的程度。

而且，它所放射的光线可以照透任何不透明的物体，并影响到其近旁的东西。只有很厚的铅才能完全遮蔽住。

就是把它包在黑色的纸里，也能使底片感光。如果包在纸或棉花中，它便会渐渐变成粉末状态。

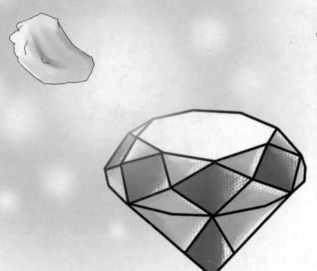

钻石一类的宝石也不能自体发光，而是借着别的光反射出灿烂的光彩，如果把镭放在它们近旁，就会显得光耀夺目了，所以用镭可以检查各种宝石的真假。

另外，除了发光之外，镭还有散发热量的性质。其热量每小时可以融化与自身同样重的冰。如果能保

藏其热量，可以使周围的温度升高10℃以上。

把镭放在真空玻璃管中，那玻璃管会被染成紫色和蓝色。

而且，镭还能放出一种奇异的气体。这种气体叫做射气，循一定的法则自行消失。这种气体平常在温泉水中也可以发现。

镭的发现有如此重大的意义，但是在开始时只在专家中闻名，一般民众却不大了解。

居里夫妇在四年的研究期间，曾发表了32篇实验报告，每次都引起很大的反响。

1903年，英国皇家学会邀请居里夫妇赴英演讲。皇家学会是英国学术界的最高殿堂，在此演讲被认为是无上的荣誉。而在皇家学会的正式会议上被邀的女性中，玛丽·居里为第一人。

居里夫妇从巴黎带去一粒镭，在英国的大学者们
面前做了种种实验，这事立
即传遍了伦敦。

盛大的晚餐会和欢迎会
接连地以居里夫妇为中心而
举行。

接着，伦敦的英国皇家
学会通知颁给居里夫妇最高奖
之一的"戴维奖"。

然而，对于致力学问研

究的居里夫妇而言，金质奖章并没有引起他们多大的
兴趣。

在那所简陋的房子里挂起金质奖章也不大协调，
所以他们索性把它送给6岁的伊莲当玩具了。

有一位朋友看见这情景，惊奇得张口结舌。玛丽
却若无其事地说："伊莲最喜欢这种玩具。"

这个故事在巴黎一时传为美谈。

1903年12月，瑞典首都斯德哥尔摩的科学学士院
把诺贝尔物理学奖颁给了居里夫妇。

凡是参加这个颁奖典礼的人都要发表演说，但因

时值寒冬，玛丽又因操劳过度而卧病在床，所以无法进行长途旅行，于是由法国大使代表居里夫妇，接受了瑞典国王所颁赠的金质奖章。

次年1月2日，由瑞典方面汇来了奖金。

有了这笔钱，皮埃尔便辞去了教职，专心守在实验室里了。除了资助亲友以外，他们还把一部分钱分别捐给了三个科学协会，因为他们知道科学协会是些认真研究的人们聚集的地方，而每个协会都是经费拮据的。

11. 高尚的奉献

为造福全人类，品格高尚的居里夫妇放弃了对镭的发明专利。他们赢得了举世的敬佩。

获得诺贝尔奖之后，居里夫妇的书桌上堆满了从世界各地寄来的信件，有的邀请演讲，有的邀请撰稿，有的愿出高价收买制镭方法等。

89

光是去应付这些信，别的什么事情就都没时间做了，不但这样，就是接待那些陆陆续续不断来访的人就够令人头痛的了。

一克值75万法郎的镭，如果居里夫妇取得专利并转让权利的话，那是可以换得一大笔财产的，而且假如他们愿意这样做，别人也是无话可说的。

如果是一般的人，恐怕早已这样做了，而且，关于这一点，全世界的企业家天天紧追着他们呢——皮埃尔也曾经一度为贫穷所困而想答应下来。

但是，这个时候，玛丽那冷静的理智发挥了效用。

"皮埃尔，虽然富贵舒服的生活也不错，可是我们当初并不是为求富贵而研究的呀。镭的发现有了意想

91

不到的结果，尤其对治癌更是不可缺少的东西。现在，我们如果去取得专利，似乎良心上过意不去吧！我想，我们不能把这么重要的东西独占着。"

"所以，皮埃尔，我们是不是应该把制镭的秘密公开出来呢？"

听着玛丽这番话，皮埃尔不禁由衷地佩服她。

"好的，玛丽，我完全赞成。今后不管是法国来的，或是美国来的信，我们要答复一切有关镭的询问。"

于是，他们毫不吝惜地把致富的机会抛弃了。镭的工业化途径由此向全世界打开了。

居里夫人的这种无私品格，受到世人的普遍尊重，

爱因斯坦曾有一个极为公正而准确的评价："在所有的著名人物中，居里夫人是唯一不为荣誉所腐蚀的人。"

1905年6月——为了履行早就答应的斯德哥尔摩之访，居里夫妇浴着初夏的阳光，踏上了赴瑞典首都的旅程。为了报答诺贝尔奖，他们需要在当地的科学院举行学术讲演。

斯德哥尔摩的人们隆重地接待了居里夫妇，使他们颇感满意。

皮埃尔的讲演也比在其他处所讲的更为详尽，深受列席学者们的赞许。

镭的发现不仅推翻了物理学上的几个根本原理，更广泛地连地质学以及气象学上几个不可解的现象也都因此而得

到了答案。

大家听了皮埃尔的专门报告，进一步认清了居里夫妇研究的重要性。

此次旅行天气很好，居里夫妇身体的健康情形也不错，而且到处受人尊重，他们两人都感觉十分愉快。后来回想起来，也都认为这是他俩在生命中最幸福的时期呢！

回到巴黎，他们还是尽量避免无谓的应酬。无奈他们声名显著，各国到法国来访的学者都会来访问他们，于是他们的房子里也跟以前大不相同了，经常是高朋满座。

在简朴的客厅中，有一夜举行了一次稀奇的表演。

在黑暗的房中，一只发出青白色磷光

的大蝴蝶在悠扬的乐声中翩翩起舞。

那情景就好像是童话里的仙境，

所有的观者无不叹为观止。

这是当时美国一位著名的舞蹈家

罗伊·弗莱小姐读了一段"镭在黑暗

中发光"的新闻而涌起的灵感，并在

居里夫妇的协助之下，演出了这样一

场别出心裁的舞蹈。

不久，法国政府也不好意思再将居里夫妇这样的大学者冷落一旁了。

因为美国以及西欧各大学都发动邀请居里夫妇去讲学的运动，法国政府不得不连忙请皮埃尔·居里做法国科学学士院的会员，在索鲁本大学替他开了物理讲座，同时还替他们夫妇俩向议会申请10万法郎的预算，作为实验室的创建费用。

接下来，议会一致通过了此项申请。

不久，在距离索鲁本大学颇有一段路程的久布埃街设立了两间实验室，而实验室里所需的4000法郎的设备费和一年12000法郎的经费也都如期到位。

shí yàn shì de zhǔ rèn hé zhù shǒu jí yí gè gōng yǒu gòng sān fèn rén shì fèi yòng
实验室的主任和助手及一个工友共三份人事费用，

yóu zhèng fǔ fù dān mǎ lì chū rèn cǐ shí yàn shì de zhǔ rèn
由政府负担。玛丽出任此实验室的主任。

yí qiè kàn lái dōu zài xiàng hǎo de fāng miàn fā zhǎn kě shì shuí yě méi yǒu
一切看来都在向好的方面发展，可是，谁也没有

xiǎng dào kě bēi de shì jiàn jiù fā shēng zài zhè ge shí hou
想到，可悲的事件就发生在这个时候。

97

12.居里之死

居里夫妇的研究环境改善了，然而不幸的事件发生了——整日忙碌的皮埃尔竟在雨中遇车祸身亡。

1906 年 4 月 19 日 —— 那是一个阴雨连绵的星期
四。

那天从早便很阴暗，虽已是 4 月中旬了，可是雨
水却仍如冬天那般冰冷。

皮埃尔为了赶赴大学里的午餐会、校对自己的书
和参加学士院例会，所以从早晨便在雨中东奔西跑
着。下午 2 时许，皮埃尔在丹东街的科学馆办完事出

来，为了再去比拉鲁书店校对即将出版的书，所以他便沿着塞纳河走。雨仍旧倾盆似地下着。当皮埃尔正横穿马路中心要到对面去的时候，由马路的左右两边冲出两辆马车。皮埃尔慌张地想躲避时，不幸滑了一跤倒在马路上。

"啊！"

瞬息间，巨大的车轮已压碎了皮埃尔的头盖骨，立刻鲜血如注，把马路染红了一大片。等到警察赶来时，已无法挽救了。

"啊，这位是居里教授！"

他带着的东西被查清时，人群的骚动便更大了。

不幸的消息马上传播开来。

亚别鲁校长和白朗教授立即赶来，可是，家里只有老居里先生和女佣人在，玛丽外出还没有回来。

一点消息都不知道的玛丽，一直到下午六时许才淋着雨回家。来到了家门前，她就感到有些异样。

"怎么了？"

她推开大门。想不到亚别鲁校长和白朗教授悲伤地站在屋内，后面还有四五个不相识的人。

玛丽心中一怔，这才注意到房中的景况。那些工作的人们知道玛丽回来了，都哑口无声地瞪着双眼看着她。

经过短暂的沉默后，校长沉痛地说："夫人，不幸的事发生了……"

玛丽这才知道是怎么回事，但她当时竟哭不出也叫不出，只是呆若木鸡地站在那儿——皮埃尔死了。

她像做梦一般地听着人们讲着当时的情形。

这些话不知她听见了没有，只是眼神迷惘，一语不发。

不久，救护车把皮埃尔的尸体送回家来。

躺在担架上扎着绷带的那具尸体，正是早上笑眯眯出门去的皮埃尔！

皮埃尔的东西也都送回来了。怀表、钢笔、研究室的钥匙……完好的怀表还在"滴答、滴答"地走着。

玛丽静静地吻了丈夫的脸和手，泪水突然像洪水一般倾泻出来："皮埃尔，你真的死了吗……"

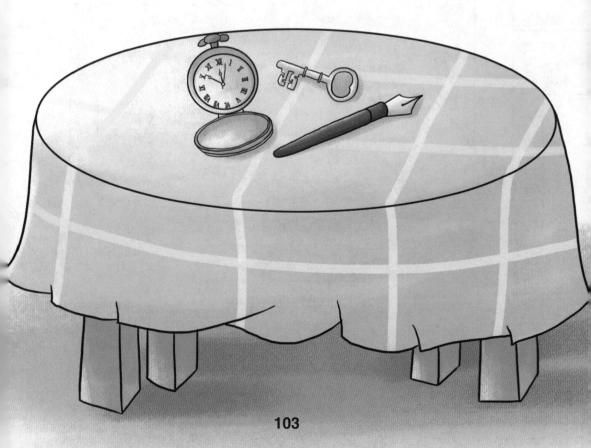

103

13.巨大的悲痛

jù dà de bēi tòng

duō nián lái yì zhí xí guàn yú yǔ pí āi ěr gòng tóng shēng huó gōng zuò de mǎ lì
多年来一直习惯于与皮埃尔共同生活工作的玛丽
yí xià zi chéng le shī diào yì zhī chì bǎng de xiǎo niǎo　tā xiàn rù le yí piàn wú zhù
一下子成了失掉一只翅膀的小鸟，她陷入了一片无助
de bēi tòng zhī zhōng
的悲痛之中。

zán men liǎ　　bù guǎn shuí xiān sǐ　shèng xià de yí gè kǒng pà yě huó bú xià
"咱们俩，不管谁先死，剩下的一个恐怕也活不下
qù le
去了。"

mǎ lì xiǎng qǐ tā men liǎ cóng qián céng shuō guò de huà
玛丽想起他们俩从前曾说过的话。

105

"唉，现在是他先死了。留下我来，该怎么办呢？"

痛苦时、失意时，曾是互相勉励的一对夫妇……

但是，11年的美满生活竟是如此突然地告终了。

在偌大的巴黎，玛丽有9岁的伊莲和两岁的爱璞两个女儿，今后将如何生活下去？她不禁觉得眼前发黑。

镭的研究也只是才完成了第一个阶段，以后还有第二、第三阶段需要去研究呢。

而现在，唯一依赖的皮埃尔却突然去世了。

她就像是只折了一边翅膀的鸟儿，不知如何再飞翔于空中。

"皮埃尔，你走得这么早，留下我一个人。伊莲和爱璞，还有那未完成的工作，怎么办呢？"

玛丽悲痛地在日记簿上写着，问皮埃尔，也问自己。

接到玛丽电报的哥哥约瑟夫和三姐布罗妮雅连夜赶来巴黎，但是还是没能赶上葬礼。

"唉，怎么这样快呢！"

哥哥和姐姐听了事故的经过，心中只有惋惜与悲哀，也不知如何来安慰可怜的妹妹了。

玛丽换上了一件黑色衣服。她很少开口。就是有人来访问，也只是默默地致意而已。

哥哥、姐姐和老居里先生都很担心玛丽的健康。

是的，自从丈夫不幸死后，玛丽变得连面对两个女儿时都不大喜欢说话了。

其实玛丽的内心此刻正在努力用理智去克服那感情上的脆弱。这是长期吃苦耐劳的意志使她这样的。当她寂寞时，或想念皮埃尔时，她便会提起笔来在日记里跟皮埃尔倾诉。

"皮埃尔，你和我分别还没有几天，可是我觉得好像有一年之久了。

房中一切如故；我的生活也一如你生前一样。

皮埃尔，关于你遗留下来的大学里的物理讲座和实验室等问题，政府和大学方面正在商谈着。我最担心实验室的前途，我该如何来处理你所留下来的研究工作呢？

昨天接到政府通知：要给我这未亡人和孤儿们抚恤金，但我拒绝了。我还年轻，仍可以当教员抚育两个女儿，做一个有为的法国母亲。"

与此同时，大学方面也正在考虑如何安置玛丽。玛丽虽然是位女性，但她曾获得过物理和数学学士学位，发现镭之后又凭自己的努力获得了理学博士学位，所以，继续主持举世关注的镭的实验，玛丽应该是最合适的人选。

结果，这惊人的事情终于实现了。

封建思想浓厚的大学，竟然一致通过决议，任命玛丽来继承皮埃尔创设的物理学讲座，虽然居里夫人的资格不是教授，而只是讲师。

无论如何，在法国教育史上，她是第一位上了大

学讲坛的女性。

在日记中，玛丽这样写道：

"皮埃尔，现在我继承了你的事业，在实验室里坐的是你的椅子，在大学里拿的是你的教鞭来对学生讲解。对我而言，一则以喜，一则以悲，因为这些都能勾起我对你的回忆。

你以前说过，无论发生多么大的变化，实验一定要由我们去完成。现在，我只有鼓励自己，接受大学的聘请，努力把实验继续下去。

你逝去将近一个月了。你常插在花瓶里的金莲花已经开了，紫藤和菖蒲也在室外含苞待放了。这都是你所喜欢的花，所以，我很少看它们，生怕引起自己的

^{shāng gǎn}
伤感。"

　　^{pí āi ěr qù shì liǎng gè yuè hòu}　^{duì jiā tíng hé shì yè qiáng liè de zé rèn}
　　皮埃尔去世两个月后，对家庭和事业强烈的责任
^{gǎn shǐ mǎ lì dù guò le chén zhòng de qíng gǎn wēi jī}　^{tā zhú jiàn huī fù le cóng qián}
感使玛丽渡过了沉重的情感危机。她逐渐恢复了从前
^{de píng jìng}
的平静。

112

14. 无涯的研究

jiān qiáng de mǎ lì jì chéng le wáng fū de shì yè tā zǒu shàng le wù lǐ
坚强的玛丽继承了亡夫的事业，她走上了物理

xué de jiǎng tán tóng shí jì xù zhe tā men wèi wán chéng de yán jiū
学的讲坛，同时继续着他们未完成的研究。

mǎ lì shǒu xiān xiǎng bān lí zhè jì yì tài shēn de gé lǔ màn jiē de fáng zi
玛丽首先想搬离这记忆太深的格鲁曼街的房子。

kǎo lù le hěn jiǔ tā cái jué dìng zū yòng bā lí jiāo wài sū zhèn yì jiā yǒu
考虑了很久，她才决定租用巴黎郊外苏镇一家有

yuàn zi de fáng zi
院子的房子。

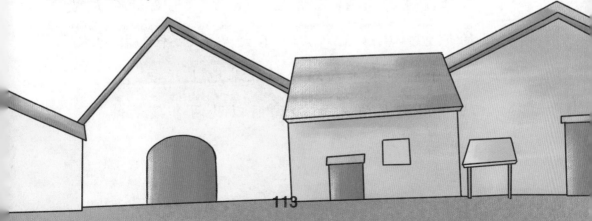

苏镇是皮埃尔婚前所住的地方，也是如今皮埃尔
长眠的地方。从这儿到索鲁本大学需坐半小时的火车，
可是，孩子们却乐于在郊外的绿草地上玩耍。

79岁的老居里先生和玛丽以及两个孩子的新生活
就在此开始了。

大学的学期在11月间才开始，所以，玛丽准备整个暑假中什么地方也不去，只是关在实验室中好好儿做一番准备工作。

她把皮埃尔的参考书和笔记拿来从头看起。她不愿意让学生批评自己讲得不如皮埃尔。如果不能讲得比皮埃尔好，简直对不起为她奔走的人们。

于是暑假中，她单独在研究室里整天啃着书本。两个孩子被乡下的亲戚接去了，虽然她有点寂寞，倒也省得费神照顾。

有时，那如同暴风雨后的寂静会使她突然有些不能忍受，但是，异常理智的她又马上鼓舞自己奋勉向学。

终于，11月5日下午1时30分，要

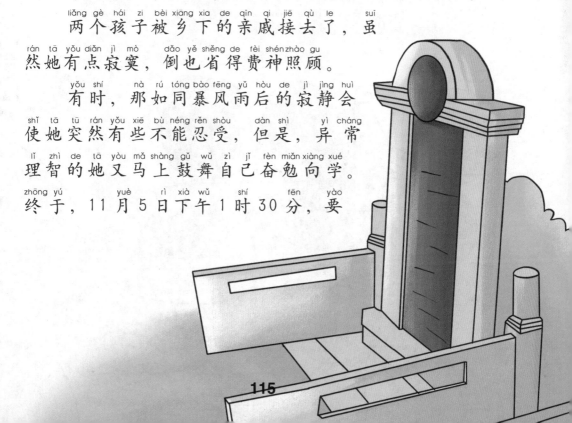

开始她的物理学的第一次讲座了。

这一天，玛丽提早走出家门，先到皮埃尔墓前，把一束鲜花放在墓前，心中默默祷告："皮埃尔，我今天开始要继续你留下的讲座了。我将努力不负你的名声和学问，可是我却有点担心，身为一个女人，我如何在学者如林的索鲁本大学站住脚呢？可是，我未失去对学问的信心。为了曾获诺贝尔奖的名誉也要奋斗到底。请你佑护着我吧！"

这时候，索鲁本大学的物理学教室里里外外已挤满了人，连校园里都站有好多人。

因为妇女上讲坛是有史以来的创举，同时又是有名的居里夫人，所以此次讲坛空前的轰动。再加上所讲的题目继承了皮埃尔的讲义——"关于放射能"这样一个集全世界的兴趣与注意的响亮名字，所以，除了物理系的师生之外，新闻记者和社会人士也来了不少。

这间物理学教室只能容纳120名听众，所以，这次被挤在门外的人们便都到办公处去大吵大闹。

时间到了，玛丽推开教室的门，走上了讲台。方才还在拥挤喧哗的听众，此时竟安静无声。

玛丽走到讲台中央，微微低下了头，这时教室里响起了一阵热烈的掌声。她脸色微微发白，等着掌声停止。

掌声停了。

所有的人都在屏气等待着。

"回顾近10年来物理学界所达到的进步情形……"

玛丽用稳重的声调从皮埃尔最后的讲义开始讲起。

她充分地利用时间讲解关于原子的裂变及关于放射能物体的新理论等。时间一到，玛丽又微微低下头，走出教室。

如醉如痴、听得入神的人们，到了这时方才如梦初醒，又报以响亮而热烈的掌声。

玛丽的首次演讲成功了。

学校当局听了这精彩的演讲，也

bù néng bù qīn pèi   shí zài bú kuì wéi yōng yǒu wù lǐ xué bó shì tóu xián de fù
不能不钦佩："实在不愧为拥有物理学博士头衔的妇
nǚ
女。"

chú le jiāo shòu wù lǐ xué zhī wài   mǎ lì hái shēn jiān zhǐ dǎo shí yàn shì de zhí
除了教授物理学之外，玛丽还身兼指导实验室的职
zé
责。

shí yàn jì huà   duì zhù shǒu de mìng lìng   zhǐ dǎo   jiān dū yǐ jí duì jié guǒ
实验计划，对助手的命令、指导、监督以及对结果
de xīn bào gào děng   jiù shì yí wèi nán xué zhě kǒng pà yě bú yì zuò dào de shì qing
的新报告等，就是一位男学者恐怕也不易做到的事情，
ér tā què bì xū dú zì yī yī jiě jué
而她却必须独自一一解决。

bú dàn zhè yàng   mǎ lì mù qián suǒ jìn xíng de
不但这样，玛丽目前所进行的
léi de dān dú fēn lí   yán jiū   jiào fū fù liǎng rén
"镭的单独分离"研究，较夫妇两人

以前所做的实验更为困难，比起讲座的准备也还要困难几倍。

她常常在实验室或家中因脑贫血而晕倒，叫大家着急。谁都知道这种大事业不是她那瘦弱的身体所吃得消的，但是，又有谁能替她来完成这项工作呢？

玛丽自己也深深知道这一点，所以，为学问，也是为继承亡夫的遗业，她宁可咬紧牙关奋斗到底。凭着她那超凡的毅力，她一步步克服着各种各样的困难。

15.特别的母亲

作为母亲，玛丽更重视教育孩子们要勇敢、健康、有理性。正是这位科学家母亲为世界培养了另一位诺贝尔奖得主。

皮埃尔死后，伊莲和爱璞的教养便由玛丽一人承担起来。

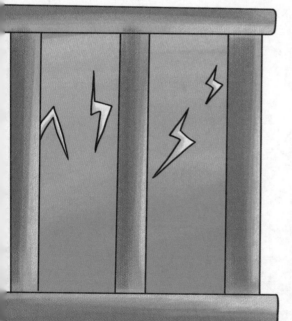

玛丽常对世俗某些教育子女的方式有着很大的不满。对作为科学家的玛丽而言，那种教育方式实在是太愚蠢而可笑。

晚春的某一天，在苏镇附近下着倾盆大雨，雷鸣隆隆，闪电大作。刚刚

121

10 岁的伊莲吓得躲进被窝里。玛丽见了这情形，立刻就把伊莲盖着的被子拉开。

"妈妈，我怕！"伊莲马上钻到母亲的怀抱里。

"这样不行！"玛丽斥道，强迫伊莲坐在椅子上。

玛丽看着脸色苍白、坐着发抖的伊莲，用很浅近易懂的话给她解释打雷的原因。

"可是，雷打在这房子上怎么办呢？"

"不会的，这房子有避雷针。"

"假如……假如打在附近的房子
上，就会起火吧？"

"不，砖造的房子是不会烧起来
的。"

"我讨厌闪电。"

玛丽站起来，把所有的窗帘都
拉上了。

"这样就看不见闪电了。"

"那么，妈妈，打雷的声音不是那些魔鬼发出的吗？"

"妈妈不是已经告诉过你,那是电的作用。所谓魔鬼生气怒吼,那是一些愚蠢的人们的想法。"

"那么,雷会抢人家的小孩也是假的吗?"

"那都是骗人的话,雷是不会抢人家小孩子的。"

起初半信半疑的伊莲似乎渐渐消除了对电闪雷鸣的恐惧心理。

"我以为遇到打雷的时候,大家急着跑进房里去是怕被雷抢走哩!"

"打雷的时候在外边是有危险的,尤其是高树底下更危险。不过,只要呆在这种有避雷针的房子里便绝对安全,懂吗?"

"妈妈,我懂了。"

从此以后,伊莲把

害怕打雷的心理完全消除了。玛丽也特别恨鬼故事，假
使遇到附近的人在孩子们面前谈鬼，她会毫不客气地去
纠正人家。所有关于鬼怪的书她都给撕毁，不准孩子
们看。

伊莲和爱璞也跟别的孩子一样，不喜欢
在晚上到黑暗处去，更不愿意一个人睡觉。

玛丽便会一再地对她们说明没有鬼存在
的道理，不久孩子们便不再怕独自睡在二楼
的卧室里，而且晚上也敢独自外出了。

后来，伊莲竟然敢独自坐火车到远处的亲戚家去
了。

玛丽对孩子们不但注意精神方面的教育，对身体方
面的锻炼也是颇费苦心的。

她利用院子里的大树给她们造秋千
和跳跃环，让她们活泼地玩耍；
等她们稍大后，便把她们

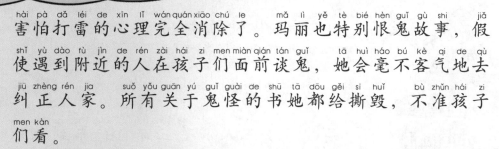

125

送进健身学校锻炼身体。每个星期日的下午是两个女孩子最愉快的时候。

"妈妈，轮胎的气打足了。"

"好，咱们走吧。"

于是，母女三人骑着三部自行车到郊外去游玩。爱璞唯恐落在妈妈和姐姐后头，使劲踏着。微风轻拂着她出汗的额角。

到了郊外，她们或采野花，或脱了鞋走进河的浅水里玩，或在明媚的阳光下坐在绿草地上吃点心。

餐桌上的花瓶里插满了郊外采来的花儿。爷爷微笑着倾听两个孙女儿讲白天里郊游的事情。

duì fán máng de mǎ lì lái shuō　　 zhè shì zuì yú kuài de shí guāng
对繁忙的玛丽来说，这是最愉快的时光。

tā fèi jìn xīn sī yào shǐ hái zi wàng què méi yǒu fù qīn de jì mò　　tā rèn
她费尽心思要使孩子忘却没有父亲的寂寞，她认

wéi cān jiā tǐ yù yóu xì shì zuì hǎo de fāng fǎ　　 yīn cǐ　　wú lùn zěn yàng fán máng
为参加体育游戏是最好的方法，因此，无论怎样繁忙，

tā yě yào xiǎng fǎ zi tōu xián cān jiā hái zi men de yóu xì
她也要想法子偷闲参加孩子们的游戏。

shǔ jià zhōng　　tā lǐng zhe tā men dào hǎi bīn qù　　 jiāo tā men zài bō làng zhōng
暑假中，她领着她们到海滨去，教她们在波浪中

yóu yǒng　　yīn cǐ　　liǎng gè nǚ hái zi dōu hěn jiàn kāng
游泳，因此，两个女孩子都很健康。

lìng yì fāng miàn　　shí yàn shì de gōng zuò suī rán yě miǎn bù liǎo chū chā cuò
另一方面，实验室的工作虽然也免不了出差错，

kě bì jìng shì yí bù yí bù de yǐ jiē jìn zuì hòu de mù biāo le　　 bù zhī bù jué
可毕竟是一步一步地已接近最后的目标了。不知不觉，

pí āi ěr qù shì yǐ sì nián le
皮埃尔去世已四年了。

mǎ lì de shēng huó hǎo bù róng yì jìn yù zài hé píng yǔ xìng fú zhī zhōng　　 kě
玛丽的生活好不容易浸浴在和平与幸福之中，可

shì zhè shí hou　　tū rán yòu yǒu yí dà bú xìng qīn xí le zhè ge jiā tíng
是这时候，突然又有一大不幸侵袭了这个家庭。

nián　　 yuè　　lǎo jū lǐ xiān sheng huàn fèi yán sǐ qù le
1910年2月，老居里先生患肺炎死去了。

cóng qián yǒu zhè wèi lǎo ren de zhào yìng　　mǎ lì kě yǐ fàng xīn zài wài zuò shì
从前有这位老人的照应，玛丽可以放心在外做事。

如今，玛丽要经常照应家中，可不能把一个家留给两个年幼的孩子看守呀。

在波兰的哥哥姐姐们常挂念着玛丽而设法来帮助她，尤其是二姐荷拉，更是常来照顾两个小孩。荷拉阿姨来的时候，两个孩子就不会找繁忙的妈妈了。

玛丽绝不像那些失去丈夫而特别宠爱小孩子的母亲。有时候孩子们不守规矩，她虽然不会打她们，可是，却常常一两天不肯跟她们说一句话。孩子们也受不了这种处罚，不得不向妈妈道歉。其实，这种方式的处罚，真正受苦的倒不是孩子，而是玛丽自己！

16.再次获奖

在卡耐基基金和安德烈先生的帮助下，居里夫人很快完成了镭的单独分离，她第二次获得了诺贝尔奖。

皮埃尔去世后，有两个人向玛丽伸出援助之手。

美国富豪"钢铁大王"兼慈善家安德留·卡内基赠给玛丽足够几年用的研究费。这个意外的援助，使居里夫人得以改善研究室的设备并增加研究人员。

玛丽能完成镭的单独分离，实在得力于卡内基的不少帮助。

这项研究是玛丽苦心努力的结果。瑞典方面马上

又向斯德哥尔摩的科学院推荐玛丽为1911年的诺贝尔化学奖候选人。此次推荐又使她再度获奖。

一生中两次荣获诺贝尔奖，这是空前的。

死去了丈夫，养育着两个幼女，在简陋的实验室里挥汗工作了四年，如今得到了补偿。

由于操劳过度，她已经病倒过好几次，又因为她是一位女性，法兰西学士院对她也很不友好。

可是，玛丽·居里终于战胜了一切。这年，她43岁。

为了参加诺贝尔奖的授奖典礼，玛丽再度北

赴斯德哥尔摩。

这次她写了一封信叫姐姐陪她一起去，布罗妮雅很高兴地赶来了。

除了姐姐以外，玛丽这次把大女儿伊莲也带了去。

三个女人一起旅行，但是各人却各有感触。

13岁的伊莲看见瑞典国王亲自将诺贝尔奖颁给母亲，不禁从心底想："妈妈多伟大啊！"她感到自己能有这样一位伟大的妈妈真是幸福。

布罗妮雅却想起妹妹多年来的辛苦生活，一幕一幕的回忆，就好像走马灯似的在她的脑海里旋转着。

想起妹妹那时在巴黎的阁楼顶上用功，忍饿甚至病倒；而今妹妹却已成为两度获得诺贝尔奖的大学者，一切真像是在梦中一样。

至于玛丽本人呢？她心中究竟想些什么呢？这个谜底一直到颁奖典礼后才揭开。

四年前曾

与丈夫同访斯德哥尔摩，可是，仅一年多的时间皮埃尔就遭意外死去……如今，自己又在此地第二次获得诺贝尔奖。玛丽在颁奖典礼后的讲演中说："今天，我能得到这份荣誉，完全是基于与先夫皮埃尔·居里共同的研究，因此，大家对我的奖励也直接是属于皮埃尔·居里的。"

原来她一直在怀念自己的亲密伴侣。

从斯德哥尔摩回到巴黎后，由于长期的疲劳，她病倒了。

她的身体本来就不好，再加上长时期的过度操劳，使得她的肾脏已经很衰弱了。

医生说，至少需要两个月的绝对安静和疗养，因此，她不得不让衰弱的身体休养一个时期。看着妹妹瘦弱的身躯，从华沙赶来的约瑟夫哥哥十分担心。

布罗妮雅和荷拉获悉后，也都赶来看望她。

由于一位热心友人的协助，玛丽暂时搬到临近英吉利海峡的一幢英国人的别墅去疗养。伊莲和爱璞也陪她同住。

有一天，疗养中的玛丽收到一封从华沙寄来的信。打开一看，是一个出乎她意料的消息。

原来俄国派驻波兰的总督最近的态度变得缓和了，所以，波兰人立刻想建立一所放射能实验所，并且准备邀请玛丽担任指导。不久，波兰各大学的教授代表们纷纷来拜访玛丽。

世界著名的波兰小说家亨利·辛维基这时发表了

一篇有名的文章:《波兰热望玛丽·居里归国》。
玛丽这时也很想离开法国,返回自己怀念着的祖国。

与其客居他乡,在恶劣的环境中苦斗,还不如在同胞的热情中奋进。

玛丽费尽心思去考虑这个问题,结果认为,无论多么痛苦或辛酸,自己还是应该停留在皮埃尔安眠的巴黎。

为了报答人们的关怀,她回信中答应选送她的两名最优秀的助手去波兰,而自己则在遥远的巴黎给予他们指导。

1913年,尚未完全康复的玛丽,为参加华沙放射能所的落成典礼,亲自远行赴会。华沙各界热情地欢迎名列世界第一位的女科学家。

玛丽在聚会上强调："被外国人控制的波兰国民，为了保护行为端正而知识卓越的人们，还需要跟许多困难斗争。不合理的事情总有消灭的时候，祖国的黎明不久就会来临的。"

这一年的秋天，玛丽又接受英国邀请，前往伯明翰大学接受名誉博士的学位。回到了法国，还有一个好消息在等着她。

盼望了很久的"镭研究所"，在索鲁本大学校长和有名的巴斯多乌鲁研究所所长的共同努力下，即将建成了。

研究所预定分为两个部门：一是放射能研究所，由玛丽指导；一是生物学研究和居里疗法的实验所，由克劳多·鲁哥教授研究癌及其治疗。

1914年7月，这个新式研究所——居里馆落成了。

zhàn dì shèng nǚ
17.战地圣女

　　战争爆发了，不能继续研究的居里夫人果断地回到巴黎，在危险的战火中以他们的研究成果救护伤员。

　　就在研究所即将落成，玛丽准备着手新的研究的时候，第一次世界大战爆发了。1914年6月28日，这场战争由奥地利领地萨拉波的一个角落响起的两声枪响，发展成蔓延整个欧洲的大战。

　　7月的欧洲人民被接连而来的动员令和宣战的消息搞得惶惶不安。到了8月3日，因为德国向法国宣

战,法国人民终于也卷入战争。

冲破了比利时防线的德军,以破竹之势侵入法国,法军到处败北,战火一天天逼近巴黎。

这一年夏天,玛丽本准备写信给住在布鲁丹尼别墅的两个女儿,告诉她们办完事就去跟她们共度假期,可是,现在必须改变计划了,于是她赶忙给女儿们写了一封信:

"亲爱的伊莲和爱璞:

我所担心的事成了事实。战争一起,妈妈恐怕就不能到你们那儿去了,不过,千万别害怕。今后也许

不能自由通信了,不过你们不必担心。德军已通过了比利时,法国恐难免一番苦战。"

动员令一下,所有的男人都被召派奔赴战场,玛丽的研究室便只剩下一个

138

duō bìng de nán rén hé liǎng gè nǚ yōng rén　　yú shì　　yán jiū suǒ bù dé bù guān mén
多病的男人和两个女佣人，于是，研究所不得不关门

le
了。

mǎ lì suǒ shàng le yán jiū shì de mén　　pěng zhe yí jiàn bǎo wù　　　yí kè
玛丽锁上了研究室的门，捧着一件宝物——一克

zhòng de léi　　chéng shàng kāi wǎng fǎ guó hé xī bān yá de jiāo jiè bō lǔ duō de huǒ chē
重的镭，乘上开往法国和西班牙的交界波鲁多的火车。

huǒ chē lǐ jìn shì táo wǎng bō lǔ duō de zhèng fǔ yào rén　　tā men dōu zài tán
火车里尽是逃往波鲁多的政府要人。他们都在谈

lùn zhe kuì bài de qíng xing　　hǎo de xiāo xi yì diǎn dōu tīng bu dào
论着溃败的情形，好的消息一点都听不到。

mǎ lì yōu xīn chōng chōng de tiào wàng zhe chuāng wài　　yán zhe guǐ dào de gōng lù
玛丽忧心忡忡地眺望着窗外。沿着轨道的公路

shàng jìn shì xiē wǎng xī táo wáng de qì chē
上尽是些往西逃亡的汽车。

dào le bō lǔ duō　　mǎ lì bǎ zhuāng zài hòu qiān hé zhōng de léi cún rù yín háng
到了波鲁多，玛丽把装在厚铅盒中的镭存入银行

jīn kù hòu　　lì jí yòu chéng shàng qián wǎng bā lí de huǒ chē
金库后，立即又乘上前往巴黎的火车。

mǎ lì jiū jìng yù bèi gàn shén me ne
玛丽究竟预备干什么呢？

tā zuò shàng yí liàng jūn yòng liè chē　　zài shì bīng de háng liè zhōng　　gēn tā men
她坐上一辆军用列车，在士兵的行列中，跟他们

tóng kěn zhe yìng miàn bāo　　tā zǎo yǐ wèi zì jǐ zhǎo hǎo le zài zhàn zhēng zhōng de wèi zhi
同啃着硬面包，她早已为自己找好了在战争中的位置。

139

měi tiān cóng zhàn chǎng shang yǒu xǔ duō shāng bīng bèi yùn wǎng hòu fāng de yī yuàn
每天从战场上有许多伤兵被运往后方的医院。

zhè xiē shāng bīng de shēn tǐ lǐ yǒu pào dàn hé zǐ dàn de suì piàn kě shì què
这些伤兵的身体里有炮弹和子弹的碎片，可是却

zhǎo bù chū tā men jiū jìng zài shén me dì fang mǎ lì xiǎng yòng xīn jìn fā xiàn de
找不出它们究竟在什么地方。玛丽想用新近发现的X

guāng xiàn bǎ nà xiē suì piàn zhǎo chū lai
光线把那些碎片找出来。

yí dào bā lí tā jiù bǎ guāng xiàn zhì liáo shè bèi zhuāng zài yú qì chē shang
一到巴黎，她就把X光线治疗设备装载于汽车上，

zài zhàn dì yī yuàn hé bā lí shì de yī yuàn xún huí zhe
在战地医院和巴黎市的医院巡回着。

zhè zhǒng fàng shè xiàn zhì liáo chē shì yóu qì chē de mǎ dá fā diàn de suǒ
这种"放射线治疗车"是由汽车的马达发电的，所

yǐ zài chē zhōng biàn kě yǐ wán chéng yí qiè ér jū lǐ liáo fǎ yòng léi de fàng
以在车中便可以完成一切。而居里疗法——用镭的放

shè zhì liáo zhǒng yáng yě bèi gè yī yuàn cǎi yòng le
射治疗肿疡，也被各医院采用了。

fàng shè xiàn zhì liáo chē bú gòu yòng mǎ lì biàn yǐ zhàn zhēng jié shù jí hái
"放射线治疗车"不够用，玛丽便以战争结束即还

de nuò yán xiàng bā lí de guì fù jiè yòng le lái bù qì chē bǎ tā men tǒng
的诺言，向巴黎的贵妇借用了20来部汽车，把它们统

yì gǎi zhuāng chéng zhì liáo chē qí zhōng tā liú le yí bù zuò wéi zì jǐ de zhuān yòng
一改装成治疗车。其中她留了一部作为自己的专用

车。她与司机并肩坐在车前面，穿梭在危险的战火中救护伤兵。

她曾在最激烈的战场贝丹及阿米安·伊布鲁等地出没。

玛丽所组织起来的这个放射治疗班，分为固定的及移动的共220班，有百万以上的伤兵受到过诊治。

在四年的战争期间，玛丽一直不停地工作着。

1915年4月，玛丽所乘坐的专用汽车因刹车失灵而翻倒，她被压在车底下，很多人都担心她的生命，

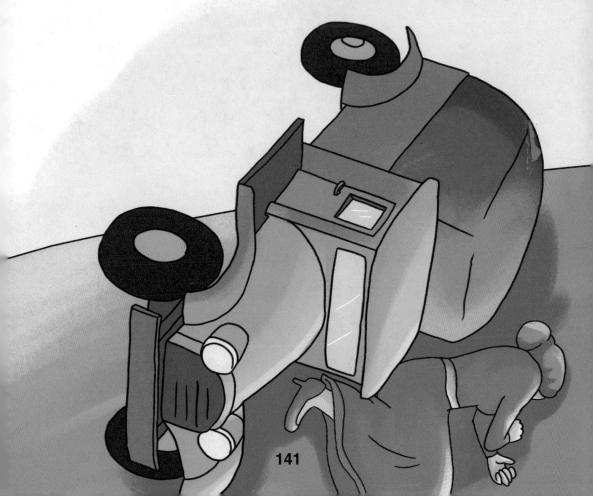

kě shì　　tā jìng chū hū yì liào de zhǐ shòu le　yì diǎn qīng shāng
可是，她竟出乎意料地只受了一点轻伤。

　　　tā bǎ rǎn le xuè de nèi yī cáng zài yù shì　　dì èr tiān yòu zhào cháng dào zhàn
　　她把染了血的内衣藏在浴室，第二天又照常到战

chǎng qù
场去。

　　　mǎ lì zǔ zhī zhè zhǒng zhì liáo de xiāo xi　　bù jiǔ jiù chuán dào guó wài　　yú
　　玛丽组织这种治疗的消息，不久就传到国外，于

shì　　wèi dā ying gè fāng miàn de qiú yuán　　tā yuǎn fù bǐ lì shí hé yì dà lì
是，为答应各方面的求援，她远赴比利时和意大利。

　　　mǎ lì lái dào yě zhàn yī yuàn hòu　　yīn wei tā de chuān zhuó hěn suí biàn　　suǒ
　　玛丽来到野战医院后，因为她的穿着很随便，所

yǐ　　nián qīng de hù shi dōu bù zhī dao tā jiù shì jǔ shì wén míng de jū lǐ fū ren
以，年轻的护士都不知道她就是举世闻名的居里夫人，

ér cháng cháng wù yǐ wéi tā shì nǚ yōng　　yǒu shí jiù suí biàn fēn fu tā　　wèi　　bǎ
而常常误以为她是女佣，有时就随便吩咐她："喂，把

nà ge qiān tǒng ná guò lai
那个铅桶拿过来。"

玛丽马上就跑过去拿铅桶。

在比利时的奥古斯丁医院，玛丽遇到一位热心的护士和一位勇敢的士兵，她深受感动。后来她才得知，这两位就是比利时的国王和皇后。

1918 年 11 月 11 日，疯狂的战争突然结束了，和平再次降临。

对玛丽而言，和平更意味着双重的喜事。

其一，法国获得了胜利。其二，波兰挣脱了 150 年的奴隶枷锁，获得了独立！

玛丽用颤抖的手拿起笔来，给五年来音讯断绝的哥哥姐姐们写道：

143

"……当我听到波兰独立时，内心的喜悦是难以形容的！这不是生于幸福国度里的人所能体会到的。

被枷锁困住多年的波兰国民，一旦能重见自由天日，这种快乐该怎么形容呢！

不过，回想起来，波兰人民所付出的代价也真够令人痛心的了。

要是我们认为波兰人民从此就能自由幸福地生活了，未免言之过早。这还需要经过重重困难的考验。

我想尽可能快些回到华沙去看一看自由的波兰！"

18.访问美国

1921年美国人民迎来了他们仰慕已久的著名女科学家。居里夫人无私的行为深深感动了美国人民。

1921年5月初，玛丽·居里一家登上了从马赛港驶往美国的"奥林匹克"号邮船。

这次，居里夫人是应美国知识分子的邀请，走访美国。

美国人已经用募集的10万美金买了一克镭，准备在白宫由总统亲自赠送给居里夫人。为报答美国人民

的好意，玛丽不顾孱弱的身躯远程赴美。

美国对这位朴素客人的欢迎场面是狂热的。船抵达纽约港口时，她们母女三人从甲板上看见那么壮大的欢迎的人群，几乎吓坏了。

早在几个小时以前，岸上欢迎的人群已经挤得水泄不通了。

记者、摄影师以及女学生团体和女童子军手中挥着红白玫瑰花，其间又夹杂着法国、美国和波兰的国旗，远远望去，犹如一片花花绿绿的波浪。

146

lǚ chéng jié mù shang pái mǎn le quán měi gè dà dū shì de huān yíng huì yǐ jí
旅程节目上排满了全美各大都市的欢迎会，以及

gè dà xué xiào de míng yù bó shì zèng yǔ diǎn lǐ yuè rì mǎ lì cóng niǔ
各大学校的名誉博士赠予典礼。5 月 13 日，玛丽从纽

yuē shì kāi shǐ le fǎng wèn měi guó de xíng chéng
约市开始了访问美国的行程。

zài niǔ yuē wén míng de kǎ nèi jī cān tīng jǔ xíng le gè dà xué nǚ shēng men
在纽约闻名的卡内基餐厅，举行了各大学女生们

suǒ zhǔ bàn de huān yíng dà huì huì shang yóu zhù míng de gè xiào dài biǎo lún liú jìng xiàn
所主办的欢迎大会。会上由著名的各校代表轮流敬献

méi gui huā hé bǎi hé huā cǐ wài hái yǒu duī jī rú shān de jiǎng pǐn jiǎng pái
玫瑰花和百合花。此外，还有堆积如山的奖品、奖牌，

yǐ jí niǔ yuē róng yù gōng mín de tóu xián
以及"纽约荣誉公民"的头衔。

chú le gè dà xué míng jiào shòu wài fǎ guó hé bō lán dà shǐ yě dōu chū xiàn zài
除了各大学名教授外，法国和波兰大使也都出现在

huì chǎng shang dàn shì zuì shǐ mǎ lì gǎn dòng de shì dāng shí zài měi fǎng wèn de bō
会场上，但是，最使玛丽感动的是当时在美访问的波

lán gòng hé guó dì yī rèn zǒng tǒng yě qīn zì dào chǎng wèi mǎ lì gǔ zhǎng
兰共和国第一任总统也亲自到场为玛丽鼓掌。

yuè rì zhè yì tiān shì měi guó hā dìng zǒng tǒng zài huá shèng dùn zǒng tǒng
5 月 20 日，这一天是美国哈定总统在华盛顿总统

官邸代表美国人民，赠送玛丽一克镭的日子。

精致的铅盒里放着镭的仿造品。因为镭是危险物品，所以实物只能存放在工厂的金库中。授予典礼在午后四时开始。

到了时间，由哈定总统夫人领先，法国大使、居里夫人、哈定总统及伊莲、爱璞、梅罗妮夫人依次进入会场。

会场的中央桌子旁边早已围坐着各大学代表、各国外交官、军方高级人员等。桌子正中放着那盒子。

赠送仪式开始，最后轮到哈定总统致辞。

"谨将此物赠给献身艰难事业的女士。"

说完，他把一条坠有金钥匙的项链挂在玛丽的脖子上，这是一把开启镭盒子的钥匙。

报纸把当天赠予仪式的盛况附上照片发表了，而在第二天，又刊出了更震惊世人的消息：玛丽竟把总统赠予的镭退还了。

人们惊呆了，可是，当他们明白真相后，更加感动了。

玛丽并不是单纯地拒绝接受。她不愿私人占有这么贵重的东西。后来，在转赠研究所的名义下玛丽才同意接受。这天晚上，她在护士会上签上了名字，"我愿捐献个人的一切给公众。"

美国人亲眼看见居里夫人这种无私的行为，都深受感动。

此后，到处有疯狂而热烈的欢迎会在等待着玛丽。爱热闹的美国人也开始为居里夫人担心起来。居里夫人因为从早到晚不停地与人握手，已伤了右手，只能用绷带吊在颈下；后来，终因过度疲劳，不得不取消赴西部地区的旅程。

最后的欢迎会是在芝加哥的波兰人聚居区举行的，

住在芝加哥的波兰人，对于能在他国遇见"祖国的巨星"感到非常的兴奋。波兰的移民们，不分男女老幼都含着泪水，团团围住玛丽，大声合唱波兰国歌。

怀着许多记忆，同时也在美国人心中留下深刻印象的居里夫人和两个女儿告别了美国，重返巴黎。当船离开纽约港时，舱房里堆满了惜别的电报和花篮，几乎连转身都不容易呢！

19.最后的时刻

长期遭受镭辐射，加上多年超负荷工作，严重损害了居里夫人的健康。她为之奋斗了一生的研究工作最后夺去了她宝贵的生命。

一年、两年、三年，和平而忙碌的日子过去了。玛丽·居里虽已年过六十，但是却仍然孜孜不倦地从事研究工作，丝毫不显衰老。

每天上午九点一刻前，有一辆汽车开到巴黎贝究尔河边的公寓门前。玛丽一听到汽车喇叭声响，便提着外套和帽子匆匆坐上车子。汽车径直驶向研究所。

每天晚上，玛丽总在七八点，有时甚至过了12点才回家。

1934年4月，姐姐布罗妮雅来看玛丽，玛丽高兴得带着她到

法国南部旅行。一天，回到加巴列别墅时，玛丽突然像感冒一样被一阵阵恶寒侵袭着。

布罗妮雅想要赶快生火取暖，可是，玛丽的病却突然发作，她倒在了布罗妮雅的怀里。

"怎么啦？玛妮雅，大概是感冒吧。"

玛丽沉吟了片刻，终于说："布罗妮雅，我还没有跟任何人提起过，就是两个女儿也不知道。我想，这次不是普通的感冒，我最近常会这样。也许，我是受了镭放射能的影响……"

布罗妮雅不禁睁大了眼睛。

如果真是受镭的影响，那可成了医学上的一大难题！

可是，布罗妮雅不愿意这样想，玛丽也没有再说什么。

数日后，天气稍暖，玛丽的病也好转了些，两个人便回到巴黎。

在布罗妮雅的坚持下，玛丽立即去找了医生。据初步诊断，医生仍然断定是感冒。

布罗妮雅怀着不安的心情回波兰去了。

看见送行的玛丽红润的脸色，加巴列别墅那晚的事就像是一场恶梦。

"玛妮雅，多保重。"

"布罗妮雅，不必担心。"

姐妹俩依依不舍地告别。谁也没有想到，这竟是她们的永诀！

两个月后，玛丽的病再次发作，被迫卧床。

准确的原因仍不可知，但是，据透视的结果知道，玛丽年轻时患的肺结核的痕迹有发炎的现象，周围的人

153

都劝她去疗养院。

小女儿爱璞抚摸着母亲瘦削的肩膀，温和地说："妈妈，您太累了，暂时去疗养院休息一下吧，我陪您去。到了8月，伊莲就可以来看您，我们还可以请华沙的姨妈过来……"

"好吧。我不在的时候，把实验室的'镭'密封好，我回来好工作。"

在去疗养院之前，爱璞曾经请了四位名医来替母亲看病，但是大家还是认为结核症再发，对那怪病本身毫无知悉，于是爱璞决心把母亲送去疗养。

火车到站，在还没有下车之前，玛丽已失去意识，倒在护士怀里。

154

jū lǐ fū ren bìng wēi
居里夫人病危!

rì nèi wǎ míng yī lì kè yìng yāo qián wǎng yàn xuè jié guǒ fā xiàn jū lǐ fū
日内瓦名医立刻应邀前往验血,结果发现居里夫

ren huàn zhe jí wēi xiǎn de è xìng pín xuè zhèng tā de xuè yè zhōng bái xuè qiú hé
人患着极危险的"恶性贫血症",她的血液中白血球和

hóng xuè qiú dōu jí shǎo
红血球都极少。

tā fā gāo shāo dá sì shí duō dù
她发高烧达四十多度。

jiǎ rú zhè shí hou jiào qīn shǔ men dào tā chuáng qián lái bìng rén yě xǔ huì
假如,这时候叫亲属们到她床前来,病人也许会

xiǎng dào zì jǐ yǐ jīng bù xíng le xīn li huì gèng shòu yǐng xiǎng kě shì wàn yī
想到自己已经不行了,心里会更受影响,可是,万一……

ài pú bù zhī rú hé shì hǎo
爱璞不知如何是好。

yuè rì zǎo shang mǎ lì de rè dù tū rán
7月3日早上,玛丽的热度突然

jiàng le xià lai xiǎn de bǐ qián jǐ rì qīng sōng duō le
降了下来,显得比前几日轻松多了,

bú guò zhè zhèng shì lín sǐ qián de huí guāng fǎn zhào mǎ
不过这正是临死前的回光返照。玛

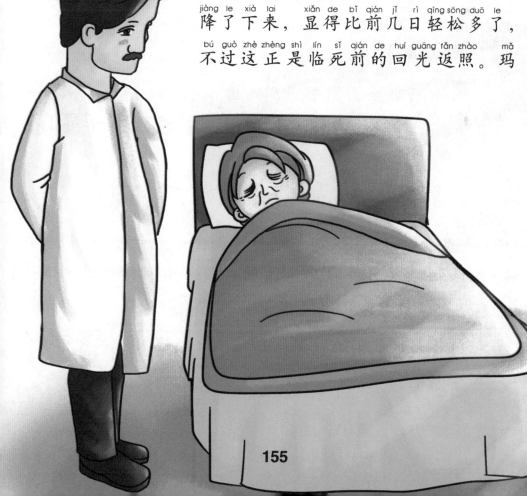

155

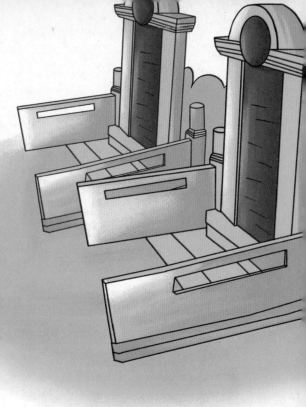

丽开口了："恐怕这高山上清新的空气比药对我更有效呢。我该早点出院，研究室的工作少不了我……"

但是……第二天，当旭日照耀着疗养院周围的山峰时，玛丽·居里已经安静地告别了人世。病症是恶性贫血症。

正如玛丽生前所想，那是由于长期受镭放射作用的影响，体内血液的白血球和红血球在不知不觉中被损害的结果。

玛丽的哥哥和姐姐都没能见到妹妹生前最后一面。他们在赶往法国的火车上听到了死讯。

1934年7月6日，玛丽的灵柩被运往巴黎郊外苏镇的居里家族墓地，与皮埃尔并排埋在一起。

约瑟夫和布罗妮雅把一包泥土轻轻地撒入墓穴中。

"安息吧，玛妮雅。这是你毕生所爱的波兰的泥土。"